如果一年後，
我已不在世上

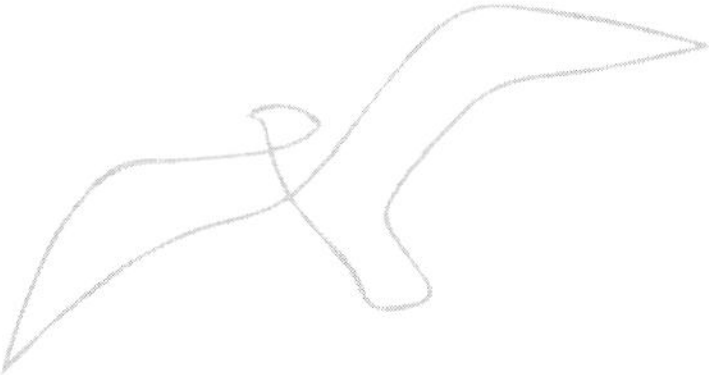

清水研 著

推薦序——

想要治癒痛苦，需要好好悲傷

【臨床心理師．作家】洪仲清

我經常跟正在苦難中的人對話，我也跟自己的苦難對話。長大的過程中，誰沒帶著些傷痛？只是願不願意表現出來，還有想表現多少比例的問題而已！

但是這樣的對話，不一定都能經過言說，甚至不一定被當事人清楚覺知。因為悲傷常被視為軟弱，悲傷並非廣被公眾接受，所以有人在將要碰觸到自己的悲傷之前，就轉身無視。

「為了要支持病患，家人得要背負的物理性、心理性負擔也非同小可。所以常有人說家人是第二位病患，精神上承受的痛苦可說不亞於病患本人。」

身心方面遭遇巨大挑戰的孩子，是我關懷的重點對象。然而，我更在意那些戴上堅強面具的父母，找不找得到人訴說心裡的苦?!

尤其是許多爸爸，常不輕易展露自己的不捨。但那內在的不安定，並不會因為假裝不存在而止息。有時逼自己努力工作，而漸漸失去了跟家人的連結；有時挫折轉化成怒氣為出口，傷人傷己……

常常我們愈是抗拒的，愈是強大！

我們可以把重大傷病當成是一種失落的經驗，這可以是對健康的失落，也可以是對曾經憧憬的美麗人生，從滿懷希望到緩步走向絕望的跌跌撞撞。那麼，很多人面對失落經驗，常有的第一個心理動作，便是「否認」。

如果我們願意理解自己，傾聽情緒的聲音，這便是撫慰痛苦的入門。可是，由於有時太傷太痛，我們的大腦為了自我保護，啟動了防衛機制，不管接下來採取逃避或麻痺，常常養大了不被我們意識允許的情緒。

悲傷之前，常有不安與焦躁，時而擴大為害怕與恐懼，這令人卻步。但走過悲傷，那些沉重都得釋放，會慢慢看見心疼與不捨，不管對自己還是身邊的至親好友，「愛」就能在不遠處綻開——就像厚厚的烏雲背後，朗朗晴天一直都在。

不願意面對悲傷的人，說不定也不想認清自己的處境。有些癌症病友，醫生的話不聽，盡信偏方與奇蹟，幻想諸天神佛能庇佑，用這種方式抵禦快壓制不住的倉皇失措，如同螳臂擋車。

當我們不再畏懼悲傷，才能好好跟自己對話，聊聊那些失落與遺憾。很荒謬的是，當我們經歷重大的失落，才能打從心底感恩我們的擁有。原本嫌棄生活無味，卻在生活重回正軌之後，感覺日日新鮮。

譬如說，有人終於認識到，我們長期忽視身體的訊號，我們把身體當成工具而非夥伴，奴役它，甚至嫌棄它。所以在康復後懂得感謝身體，從頭到腳、由外而內，知道它們辛勤工作讓我們完成了許多夢想，乘載著我們到許多美麗的地方。

生命力經過考驗之後，反而可以更加強韌。創傷本來讓人疲於奔命，卻有機會帶來意想不到的成長。

有位罹癌後痊癒的過來人曾說，與其形容為回到病癒之前的樣子，不如說是恍若新生。心理的力量更強大，生命的意義更鮮明，好像一個徹徹底底全然不同的人。

或許，失落或重病帶著我們哀悼過去，向以前的自己道別。學會活在當下，學會過自己想要的生活，減少不必要的物質與人際，更自由灑脫，也更可愛熱情地生活。

像是那些未曾好好面對的關係，那些以忙碌為藉口而遲遲沒有說出口的愛；那些一直都想認真表達的道歉，都因為認知到歲月不等待，願意更積極去修復與整理。

還有，我們跟自己的關係，也因此得以浮上檯面，並且將定義自己的能力，慢慢收回來。那些從小到大被教導的「應該」，經過重新檢視之後，我們能多一點坦承自己「想要」的是什麼，並且為自己追求。

如果一年後已不在世上，那我們想要過什麼樣的日子？

對我來說，有時覺知到死亡不遠，代表著某種「開始」。尤其當強烈的死亡威脅在眼前，眼前的每一天都珍貴，那便是另一段人生的「開始」。

不過，可能由於對死亡的恐懼，我們反而不太容易領受到死亡能帶給我們的禮物或領悟。

「以前曾經是家裡專屬的醫師到家裡看診，最後在家人陪伴下在家中嚥下最後一口氣的時代。孩子們親眼看見祖父母衰弱到死亡的過程，所以對於『死亡』擁有很明確的想像。但不知從何時開始，人們變得在醫院過世，亡者也在『別讓其他患者看見』的考量下，並非從正門，而是從後門送走。就像這樣，原本應該是每個人日常生活延長線上的死亡，被隔離在人們的日常生活外。」

如果能活得精采，通常也就能對死亡釋然。對生活盡了力，也就比較不會有那種「本來可以但沒有……」的喟嘆。

我常鼓勵讀者練習「死亡觀想」：假如我們躺在床上，隔天醒不來了，那還有什麼不能放下？

不管對至親好友有多少牽掛，生命自然會有它的發展。在死亡面前，有些我們所執著的，會變得可笑——本來無足輕重，只因一時意亂情迷！

那些我們原本以為放不下的，被迫放下之後，其實還是會隨著時間一分一秒滴滴答答地演進。我們以為的「擁有」，比較像是一種「經過」，我們本來就知道，我們終歸塵土，什麼也帶不走。

有些人會提到：既然終須一死，那我們為什麼要努力？

也有另一種反思：既然生命有限，我們要給自己什麼樣的人生？

這兩種想法我不會論對錯，但我知道我喜歡哪一種。我自己喜歡體驗與感受，希望我的人生有趣且豐富。當我又再次受到拖延症的召喚，死亡觀想可以幫助我，早一點做決斷。

無常既是日常，那平凡便有幸福。

願藉著這本書，跟各位讀者分享我所感受到的幸福。祝福您，能用心體會悲傷，也能盡情去愛！

推薦序——

陪伴與接納的力量

【台灣心理腫瘤醫學學會理事長】莊永毓

很高興有機會為清水研醫師所著之《如果一年後，我已不在世上》寫推薦序，看了清水醫師的簡介後，發現我與他有數面之緣。二〇一九年三月我與清水醫師一起參加了在加拿大多倫多大學舉辦的，有關晚期癌症心理照顧（Managing Cancer and Living Meaningfully, CALM）的工作坊，在工作坊中清水醫師分享了一段他與末期癌症病人會談的影片，當時參加工作坊的學員對於清水醫師深入且人性化的訪談，大表讚賞並熱烈討論。看到清水醫師把他多年來照顧癌症病人心理的臨床經驗寫成書，實在令人高興。

一般讀者看到「心理腫瘤醫師」應該覺得十分陌生，不知道這是怎麼樣的專科，甚至在台灣可能有些醫療工作者，對這名詞也不甚清楚。心理腫瘤醫學是從Psycho-Oncology翻譯過來的名詞，探討橫跨癌症病人的生理、心理、社會、以及靈性層面，主要針對兩項議題：癌症造成病人、家屬及醫療人員在癌症各階段的情緒反應為何，與對家庭、經濟和社會造成哪些衝擊，以及如何因應與照護；同時也探討了心理、社會、行為等因子如何影響癌症治療、病人的生活品質與預後。

心理腫瘤醫學重視癌症各階段病人、家屬和醫療人員的心理社會需求，其中包含了一些特性：（一）服務範圍涵蓋癌症各階段：從癌症篩檢、診斷期、治療期、緩解期，乃至轉移與復發，也包含生命末期。（二）以跨專業團隊服務的醫學專科模式：服務團隊內包含了所有與癌症治療相關的專科，並透過跨專業團隊，提供全人照護。照護範圍涵蓋癌症病人與家屬身體、心理、社會、靈性等層面的需求，包括病人的情緒篩檢、社會心理層面的介入、協助醫病溝通、建立良好醫病關係、癌症各時期的情緒調適衛教、家屬的哀傷輔導等。（三）結合政府、醫界與社會的力量，破除社會大眾對於癌症的恐懼與迷思，達到提高民眾的身心健康識能，促進健康的生活型態，早期預防、早期發現與早期治療的目的。（四）不只關心癌症病人、家屬，也協助醫療人員的情緒安適，適時提供心理社會專業協助，以避免身心耗竭。

清水醫師在書中以他親身治療過的案例，呈現了癌症病人在身體、心理、人際與靈性意義各個層面要面臨的挑戰，也讓我們了解好好照顧癌症病人與家屬的心靈，與治療癌症是同等重要的。二〇〇九年，來自台灣各地，有志於癌症病人心理、社會與靈性照顧的醫療專業人員，包括腫瘤治療相關的醫師、精神科醫師、護理師、心理師、社工師等，一同創立了台灣心理腫瘤醫學學會，致力於教育與推廣癌症心理照顧。可惜因為台灣全民健保比起先進國家，對於整體心理健康的資源投入有限，更遑論對癌症病人的心理照顧，因此不論在一般民眾正確觀念的建立，或是醫療專業人員對於腫瘤心理的專業教育，以及投入心理腫瘤臨床服務的資源及人力等，還是有很多地方需要努力。

一般大眾或是有些醫療同仁對於癌症心理還是存在著許多迷思。例如認為癌症是因為某些性格特徵所引起，例如內向、容易自責、完美主義等。但是事實上，最近二十年的研究方法已日趨嚴謹，樣本數足夠的前瞻性研究結果告訴我們，沒有辦法證明癌症的發生與性格特徵、情緒狀態以及壓力事件有關，甚至罹癌之後如果能夠好好完成治療，這些個性、情緒、壓力等因素也不會影響癌症治療的結果。現代對於癌症心理的新知讓我們知道，過去大家以為對病人好的「責難式的關心」或是「恐嚇式的鼓勵」，例如：「你就是一直太認真才會得癌症」、「雖然得癌症，你不可以傷心難過，因為心情不好，會讓你的癌症惡化」等，不僅不是事實，反而會讓癌症病人更自責，心裡有苦不敢表達，而更加無法開朗。雖然「啦啦隊式的鼓勵」，比如「加油，要保持正向、要勇敢樂觀，一定可以戰勝癌症」等這類口號型的支持，或許一時對某些病人有效，但是如果我們可以如同清水醫師一樣，接受病人的擔憂、害怕和沮喪的心情，願意傾聽病人的心聲，不只可以讓病人感受到被接納支持，更能與病人深入探討生命功課的意義。而且隨著醫療進步，癌症存活率增加，我們需要陪伴病人在完成癌症治療後，帶著害怕不知何時會復發的恐懼，一起好好地走下去。

清水醫師在書中提到了「復原力（Resilience）」與「創傷後成長（Posttraumatic Growth:PTG）」，他特別提醒「希望現在正因疾病煩惱的病患千萬不要有『我得要跨越悲傷進一步成長才行』的想法。勉強自己積極向前，等同於在自己的傷口上撒鹽，這對你自己絕對沒有助益。」而是要面對「失去健康且和平的生活」的失落感，以及思考「該怎麼在完全不同的現實中生活，可以從中找到意義嗎？」並且接受「失落」需要時間與過程。如此一來，我們才能好好思考如果未來就是如此不確定，我要追求的人生到底是什麼？我的生命意義是什麼？我會如何面對死亡？以及在這樣的前提下，我要如何過好每一天？

因此，這本書令人感動的是，即便經歷了罹患癌症如此巨大的負面衝擊，原本以為理所當然的一切都受到了挑戰，但只要在好的癌症心理照顧下，不只病人與家屬能受到溫暖的支持與撫慰、找到調適身心衝擊的方法，也能陪伴彼此走過艱辛的癌症治療歷程，生命也就更深刻且更具意義了。

我之所以思考死亡，不是為了死。
而是為了活下去。

安德烈・馬爾羅
（法國作家）

前言——

你是否不停拖延重要的事情呢？

沒有人知道自己會在何時迎接人生終點。

所以，希望大家可以把活著的此一瞬間當成無可取代的寶物好好珍惜。

這是一位二十七歲就罹癌逝世的澳洲女性留下的最後一段話，在《ABC》、《The Independent》、《Mirror》等媒體報導後，立刻透過Facebook 在全世界廣傳[1]。為什麼這句話會感動那麼多人呢？

因為醫療進步，現代人變得長壽，開始常聽見「人生百歲時代」及「抗老化」等詞彙。

人變得長壽本身當然是件值得開心的事情，但另一方面，我也感覺有所弊害。

我也不怕你誤解就直說了，我認為這會讓人們不珍惜每一天。

對許多人來說，雖然腦袋清楚自己總有一天會迎接「死亡」，但或許沒有什麼真實感吧。

對自己來說，「死亡」仍是個不需要思考的事項，明天、後天也會如今天一般理所當然到來，認為自己的人生還會持續十年、二十年、三十年，就這樣度過每一天。

如此一來，就算自己有「非做不可的事情」，也會想著「明天再做就

1 http://japan.techinsight.jp/2018/01/ellis06231019.html

好」、「總有一天會做」、「等這個工作告一段落再來做」、「把它留到退休後享受好了」，不斷拖延。

就算每天的生活毫無充實感，就算「想要改變」，或許也因為無法戰勝對改變的不安，而甘願待在毫無充實感的場所。沒辦法相信內心深處「別拖延，立刻行動！」的聲音，最後仍是「不，要是做那種有勇無謀的事情，或許會斷送自己的人生」的聲音獲勝。結果，多數人還是被周遭的期待與責任束縛，即使感到空虛，也持續過著與今日無異的日子吧。

不說別人，我自己就是如此，即使心裡有著「這樣下去真的可以嗎？」的模糊疑問，仍過著毫無充實感的日子。這樣的人會因為本文開頭的那句話驀然驚醒。

這段話之所以能感動世界上那麼多人，我認為正代表著有這麼多人「現在，一點也不珍惜活著的時間」。

我是心理腫瘤學（與癌症、心理有關的學問）專科醫師，從二〇〇三年起，以心理腫瘤專科醫師（專門治療癌症患者的精神科醫師與身心科醫師）身分任職於國立癌症研究中心中央醫院。

自二〇〇三年起，我僅負責診療罹患癌症的病患以及其家人。每年見到的病患人數不下兩百人，所以至今已經聽過超過三千五百位病患的故事。

為了能提供前來諮商的病患協助，我總是傾全力聽他們說話，但在這份工作中，反而是病患們教會我好多事情。突然得知自己罹癌，被迫面對人生的期限應該非常痛苦，但這些人即使面對著這份失落，也相當認真煩惱自己該如何度過剩餘的人生，他們口中說出的每一句話都強而有力，讓只是渾噩度日的我，打從心裡敬佩。

而最後，竟然也改變了我自己的人生。

我自己是沒有「換了一個完全不同的工作」、「在自己的人生賭一把」

這類看起來相當華麗的變化，但我變得能好好分辨「對自己不太重要的事情」與「不能拖延，需要立刻做的重要事情」了。

結果，我開始能有自信過著每一天，現在感覺我正逐漸接近自己可以接受的人生。

我相信，我學到的事情肯定可以幫上更多人，所以希望可以透過這本書傳達給大家。

Contents

Chapter 1

想要治癒痛苦，所需要的就是悲傷

Chapter 2

每個人都擁有恢復的力量

Chapter 3

人在臨死前，才會發現沒有順心而活

Chapter 4

為了珍惜今天，好好面對自己的「want」

Chapter 5

凝視死亡，就是凝視該怎麼活著

關於本書中介紹的事例，為了保護當事者隱私，部分內容經過修改。另外，除了第二章的加茂明里小姐與第五章的岸田徹先生以外，其他事例的登場人物皆使用假名。

序章

癌症不只折磨身體，也折磨心靈

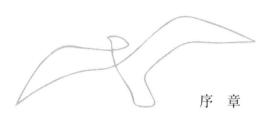

很少有人能與癌症完全無關

首先，請讓我說明「癌症」這個疾病。大家認為人類罹癌的可能性有多高呢？

根據最新的統計（「癌症統計二〇一七公益財團法人癌症研究振興財團」），終生罹癌的機率，男性為百分之六十二，女性為百分之四十七，可說是「兩人就有一人罹癌的時代」。兩人就有一人，也就表示就算自己沒有罹癌，自己的家人也可能罹癌，重要的朋友也可能罹癌。這麼一想，可說是所有人都無法置身事外的疾病。

另外，癌症也不是年長者的特權，三位癌症患者中就有一位是十五歲到六十四歲的工作年齡人口。

以前說到癌症，可能給人強烈「難治疾病」的印象，但近年治療技術

主要死因死亡率（每十萬人口）的逐年趨勢圖

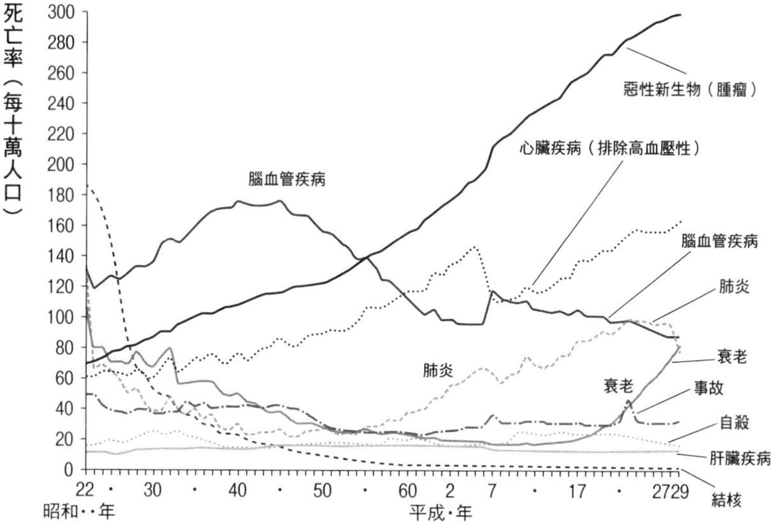

註：

1. 到平成六年為止的「心臟疾病（排除高血壓性）」為「心臟疾病」。
2. 平成六、七年的「心臟疾病（排除高血壓性）」突然降低，認為應該是因為死亡診斷書（驗屍證明書）（於平成七年七月一日起實施）中「死亡原因欄位上，不得寫上疾病末期狀態所造成的心臟衰竭、呼吸衰竭」此一警語在實施前，即廣為周知造成的影響。
3. 平成七年「腦血管疾病」上升的主要原因，應該為 ICD-10（二〇〇三年版）（於平成七年七月起實施）中，明確規範了原死因選擇的規則。
4. 平成二十九年「肺炎」下降的主要原因，應該為 ICD-10（二〇一三年版）（於平成二十九年一月起實施）中，明確規範了原死因選擇的規則。

進步，狀況獲得大幅改善。從最新的統計中得知，視為根治基準的罹癌後五年生存率已經達到總罹癌人數的百分之六十二點一。所以，特別是早期發現患者，現在已經是癌症治癒率相當高的時代了。

雖說治癒率高，也無法絕對保證能確實治好癌症，所以療程結束後，還是有著「會不會復發」的不安。此外，因為罹患癌症的總人數增加，沒有治癒的人數以及因癌症死亡的人數也會跟著增加。前頁圖表為厚生勞動省所公布的資料，從各死因死亡率的逐年變化可知，昭和五十六年（西元一九八一年）以後，癌症為日本人死因榜首，且數字逐年增加[2]。

那麼，為了不要罹癌，或是為了不要因癌症而死，我們能做些什麼呢？舉例來說，癌症成因中最大的原因就是吸菸，所以只要不吸菸，就可以大幅降低罹癌風險；另外，酒精也要適可而止，更要控制鹽分攝取。除此之外，肝炎病毒可能導致肝癌，所以要好好治療，滅除可能導致胃癌的幽門螺旋桿菌，還有本國不太有人討論的HPV病毒[3]疫苗接種等等，這些都是知名的癌症預防方法。另外透過癌症健康檢查，也可以提高早期發現的機會，所以請別怕麻煩，接受檢查相當重要。

另一方面，就算注意生活習慣，也接受癌症健檢了，還是可能發現罹患發展中的癌症。越是因為害怕罹癌而注意健康的人，越容易出現「我都這麼努力了，到底是有哪裡做錯了啊」這種無法接受的心情。

我認為，如果因為害怕罹癌而過度神經質，反而讓生活變得拘束，所以在不勉強的範圍內注意健康就好。

2 http://www.mhlw.go.jp/toukei/saikin/hw/jinkou/geppo/nengai16/index.html
3 人類乳突病毒（Human Papillomavirus）的縮寫，子宮頸癌致病原因之一。

得知罹癌後的一年內自殺率是普通人的二十四倍

癌症帶來的各種壓力	具體實例
1. 對人生造成威脅	死亡
2. 肉體上的痛苦	疼痛、倦怠、想吐
3. 身體機能障礙	人工肛門（直腸癌）、失聲（咽喉癌）、不孕（婦科癌症等等）
4. 外表變化	乳房切除、消瘦、掉髮
5. 社會層面問題	失業、學業中斷、人際關係變化

不管怎樣，「癌症」這疾病都會讓人意識到「死亡」，因每個人罹患的癌症有著不同種類的特徵，帶來了各種壓力（請見上方表格）。除了癌症引起的疼痛與虛弱感，手術及化療等治療也會給身體帶來痛楚，也有人會因為身體外表的變化，像是乳癌得切除乳房等而感到無可忍受的痛苦。根據癌症病灶部

位，可能讓病患喪失重要的身體機能，也可能因此改變其在社會上的角色。

此外，就算是相同的問題，痛苦程度與性質也會因為每個人原本的價值觀與個性而有所不同。

以前我曾見過一位日本料理廚師，他因為化療出現味覺障礙時，他說自己簡直失去了自我認同。另外，對有一身肌肉而自豪的人來說，也無法輕易接受因為癌症消瘦這件事情。

但這也會因為病患的個性而有所差異。如果是能有「船到橋頭自然直」想法的人倒還好，如果是個性謹慎的人，可能會滿腦子都擔心著將來的事情，只想著「接下來到底會怎樣啊」。

所以說，雖然統稱「罹癌經驗」，但真的各有不同，一百位病患就有一百種痛苦、面對病症的方法。

而面對這般痛苦，應該不難想像有一部分人的心理狀態會被逼入絕境。

在過去的研究中，得知罹患癌症之後，五人中會有一人得到憂鬱症，另外還有一個數據顯示，得知罹癌後一年內的自殺率為普通人的二十四倍。

常有人說「家人是第二位患者」

重要之人罹患癌症後，家人的人生也會完全不同。「無可取代的重要之人可能會因而離世」不是件容易接受的事情，另外為了要支持病患，家人得要背負的物理性、心理性負擔也非同小可。

所以常有人說家人是第二位病患，精神上承受的痛苦可說不亞於病患本人。

重要之人罹癌，或許比自己罹癌還要更讓人感到痛苦。某位兒童癌症患者的母親說過：「為什麼是那孩子啊！可以的話我真想替他生病。」

而「最辛苦的是病患本人，我可不能說喪氣話啊」的想法，讓家人就算心裡痛苦也會扼殺這份心情，容易把照顧自己擺到最後面；就算疲憊，也遲遲無法放鬆緊張，晚上也睡不安穩，完全無法休息。持續惡性循環下，精神狀態可能遲早會崩潰。

我都會對這樣的病患家屬說：「癌症治療是場馬拉松，為了要好好在旁支持當事者，你也要注意自己的步調，要好好照顧自己的身體。」

醫療的目的不只是「完全治癒癌症與延長壽命」

過去，癌症醫療的目的只聚焦在「完全根治癌症，如果辦不到，那就盡量延長患者壽命」上面。

但逐漸的，大家也開始理解光只是這樣會漏掉許多東西，所以「緩和癌症帶來的各種痛苦，保持生活品質」也成為另一個大目標。

舉例來說，疼痛是癌症最具代表性的痛苦，現在已開發出許多緩和方法，應對技術也不停地在發展。

除了肉體上的痛苦，也需要注意精神上的痛苦，而正如前述提及，病患家屬也抱著巨大的心理負擔。所以，醫療現場也開始嘗試提供癌症患者與患者家屬各種心理照護。

雖然有人批評這仍無法滿足需求，但和我一樣的心理腫瘤醫師（專責照護癌症病患的精神科醫師、身心科醫師）增加了。心理腫瘤醫師相當理解「癌症」這個疾病會帶給病患怎樣的影響，並以此經驗為基礎，細心照護癌症病患與病患家屬。

Chapter 1

想要治癒痛苦，所需要的就是悲傷

「悲傷」這個情緒可以治癒痛苦

發現「有人理解自己的煩惱」時，就能稍微撫慰痛苦。
藉由對話，理解心中焦躁的煩惱。

我是一個任職癌症專科醫院的心理腫瘤醫師，所以我見到的所有人都是癌症病患或病患家屬。

一百位罹患癌症的病患就有一百種不同的煩惱，所以與病患第一次見面時，我最留意的就是要充分理解這位病患心裡抱著怎樣的煩惱。

為此，就得花上一定程度的時間聆聽各種事情。舉例來說，他至今擁有怎樣的人生、最珍惜什麼事情，罹癌對他的人生造成怎樣的影響，而他現在對什麼感到最困擾等等，詳細詢問這些事情非常重要。

第一次面談時，我會不停提問以理解這些事情。接著在我自己認為已經理解病患的煩惱時，我才會開口告訴對方我的理解：「在你心中，因為罹癌而感覺發生了這些問題，你對這些感到相當困擾吧？」

當我說完這段話後，如果對方打從心底說出「就是這樣！」就表示第一個最重要的步驟順利過關。

這是因為當人發現「有人理解自己的煩惱」時，就能稍微緩解痛苦。

此外，和我對話的過程中，對方心裡的煩躁逐漸變成言詞說出口，包含他自己至今沒有發現的部分在內，有讓他整理煩惱，進一步理解自己的效果。

除此之外，也會有人在面談時表現出強烈悲傷，悲傷這個情緒也能撫慰痛苦，能為邁向下一個階段發揮很大的作用。

以前的我滿心認為「身為醫師，我得要消除病患的痛苦才行」，也因為無法順利辦到而煩惱。當時的我，給出許多根本派不上用場的建議，就算病患本人沒有意願還是會開立精神疾病用藥，做了一大堆不必要的雞婆事。

但某天我突然發現，這種做法不僅無法幫上病患，甚至可能害了病患。

這是因為，隨著我的臨床經驗增加，實際感受人類擁有面對煩惱的力量（恢復力）。我能做的就是幫忙培養這份力量，因此要好好傾聽病患說話，不停重複確實理解對方煩惱的工作才是最重要的事情。

為了培養人面對煩惱的力量（恢復力），我到底該怎麼做才能發揮最大的效果呢？

那就是我前述提及，好好對話以期讓病患更深入理解自己的煩惱，提供病患一個空間，讓他可以好好對自己失去的事物感到悲傷。為了有系統地實踐這個過程，我從二〇一六年起開設恢復力門診，為病患進行四至八次，一次為時五十分鐘的諮商。

在恢復力門診中，一開始會有讓病患重新好好理解自己的對話。

有著怎樣的成長過程、青春期都想著什麼事情、成年之後過著怎樣的人生、以什麼為目標、討厭什麼等等的，順著時序來回顧這些事情。如此一來就能理解「啊啊，確實是經歷了這些歷史才有現在的自己啊」。

下一階段對話，會請病患詳細闡述得知罹癌後的心情變化。讓他具體說出罹癌對自己造成什麼影響、罹癌後感覺失去了什麼、罹癌後有哪些人生計畫不得不因此變更等等的事情。

和病患一起重複這個步驟，就能從各種不同的角度理解他現在心中有哪些痛苦。

如此一來，就能找出「那也沒有辦法，就只能這樣做了吧」的結論，有些人在這個階段就能結束恢復力門診的診療。

如果還沒有辦法找到結論，在剩下的時間裡，我會和病患一起繼續探討「針對這個自己難以接受的問題，到底該怎麼思考才好」。雖然病患會因為必須直接面對「不得不放棄」而感到痛苦，但也有可能因此發現自己至今所堅持的，其實都是微不足道的事情。接著，每位病患除了失去的東西外，也會得到至今未曾發現的觀點，大家都會找到屬於自己的答案。

有人就算身處痛苦「也想要為了誰而努力」

反而是我從意識到死亡、接受辛苦治療的病患身上，學到了許多關於人生的事情。

罹患白血病的二十歲大學生石田春香小姐，也是恢復力門診的病患之一。

他們家是雙薪家庭，對於雙親，她懷抱著「希望你們多愛我一點，你們卻沒有這樣做」的感覺。

據說她得知罹患惡性淋巴腫瘤時，一開始比起不安與悲傷，而是憤怒地對父母說「你們儘管後悔沒有更加珍惜自己的女兒吧」。

在開始接受化療後，她因為各種症狀痛苦：發高燒、嘴巴裡滿是口腔潰瘍，連吃東西都辨不太到、珍惜的頭髮也開始脫落，這讓她越來越痛苦。

為什麼我非得遭受這種痛苦啊？

明明大家都過得如此朝氣蓬勃又開心的啊——

她說，她看朋友的社群網站越看越生氣，還氣到把手機丟到地上。

此時，因為開始和相同住院大樓的高齡男性交流，她自己也慢慢出現變化。

這位男性的癌細胞從腎臟轉移到肺臟，狀況看起來比春香還要糟糕。儘管如此，他總是滿臉開朗笑容問春香：「怎樣啊？應該很辛苦吧，但妳相當努力呢。」

某天，春香問他「你為什麼能那麼努力？」那位男性帶著溫柔的眼神回答：「因為想要為了家人努力啊，而且我也還想要幫上誰的忙。」

這段話一語驚醒春香。

「想要為了誰努力。」

這句話衝擊春香的內心。

總有著和誰嘔氣心情的自己，曾經想過想為了誰做些什麼嗎——

她如此一想，環視四周，發現住院大樓裡有好多和自己身處相同辛苦狀態的人，而醫師及護理師們都非常努力治療病患。

不僅如此，護理師半夜替她拍背的手的溫暖，讓她打從心底湧上感謝之情，開始出現「如果我病好了，我想要過一個能幫忙有困難的人的人生」。

接著，看見雙親對自己生病而手足無措時，至今心裡懷抱的疙瘩瞬間消失，自然而然對雙親吐露出感謝之語了。

現在，春香結束治療恢復健康，精神飽滿地到大學上課。

前幾天她來看門診時，眼神閃閃發亮，和她剛住院時判若兩人，她對我說：

「可以過上普通生活根本不是件理所當然的事情耶。一想到這，我就會產生感謝的心情。

以前想著隨隨便便找個工作、找個人結婚過著舒服生活就好了，但這樣一來，難得的人生就浪費掉了啊。我現在啊，有夢想了喔。」

因為我聽過許多人的煩惱，所以深刻理解如春香這樣面對嚴峻狀況的人們的經驗。

在意識死亡、經歷辛苦治療時，那個人深入思考的所得、感受的事情，每句話都相當有說服力。對於只是渾渾噩噩度過每一天的我來說，聽到了許多讓人頓然清醒的話語。

當然，我也是相當誠摯地在面對這些病患，但與每一位病患的邂逅，從結果來說，給予我上了一堂寶貴人生課程的機會。

這堂課給了我很大的震撼，甚至改變我的人生。我將在本書當中，把我從中學到的各種事情詳細告訴大家。

人擁有柳枝般柔韌站起的力量

在面對疾病、痛苦時，有許多人找到了全新的世界觀。

我們在健康時，完全沒想像過自己生病的樣子。接著想到「如果罹患癌症」，就會開始不安「到時我能冷靜面對嗎？」、「會不會因為害怕死亡而手足無措呢？」。

我自己見過非常多癌症患者。其中也有病況相當嚴重的病患，在我資歷尚淺時，也曾悲觀想像「如果是我，絕對沒辦法承受這種狀況，那個人的精神狀態會不會就這樣崩潰啊？」以前的我不知道該對這些患者說什麼，相當不知所措。

但實際見到病患，他們常常會背叛我的悲觀想像。我絕對沒有說出「痛苦沒什麼大不了」這種話的意思，至少，我從沒想過「這個人的精神崩潰了」。

的確，從醫生口中得知罹癌時，很多人會停止思考，心也會朝對患病一事視而不見的方向行動。這個階段會耗費多少時間因人而異，但當「罹癌的事實無可改變」這種放棄或是絕望的感覺出現時，「面對事實」的階段也在這股心情的背後啟動。

有人會因為巨大的恐懼與悲傷，如同孩子般抽抽搭搭不停哭泣，但我認為，拚命去面對巨大失落感的強大力量就在這副模樣的背後。接受各種失落，面對全新事實的力量，這就是「恢復力」。

「恢復力（Resilience）」原本是物理學等領域的用詞，翻譯成日文後就是「可塑性」的意思，表示「回復原狀」。

這個詞現在也被使用在心理學領域中，指稱如「柳枝」般的心理狀態。

柳枝隨風吹拂會變成各種形狀，但風止即恢復原貌。與之相較，粗壯樹幹乍看之下很強壯，但只要強風一吹就應聲折斷。我認為這其中給了我們很大的提示。

面對疾病的過程中，心中會有各種糾葛，無法一言以蔽之；而另一方面，有許多人雖然被這晴天霹靂的事情打倒，也擁有著隨時間過去，如柳枝般重新站起來的力量。

不僅如此，在和許多病患一起面對疾病的過程中，令我感到驚訝的是，病患在經歷了苦難後，找到不同於患病前的全新世界觀。

在心理學上，將這稱為創傷後成長（Posttraumatic Growth：PTG）。

只不過，患者本人沒有什麼「成長

強風吹拂下，粗壯樹幹應聲折斷，而柳枝柔韌恢復原貌。

了」的感覺，而且也沒有病患會一開始就有「我要成長」的打算。

就算我說：「你的想法變得還真多呢！」幾乎每位病患都回我：「我只是每天邊煩惱邊面對疾病而已啦。」

創傷後成長，是在病患面對疾病的過程中，自然而然產生的狀況。

所以我希望現在正因疾病煩惱的病患，千萬不要有「我得要跨越悲傷進一步成長才行」的想法。勉強自己積極向前，等同於在自己的傷口上撒鹽，這對你自己絕對沒有助益。

世界不存在「面對苦難的正確方法」，一百位病患就有一百種面對疾病的方法。

遇到痛苦的事情時，不需要扼殺沉浸在痛苦中的心情、氣到發抖的心情。這些負面情緒反而有很重要的意義，最重要的就是別壓抑自己的情感。

接著，每個人在苦惱中也會順著自己的心情過生活，在這之後肯定能找到什麼結論，眼前的這位患者也會是如此吧。我從病患身上感受到的「恢復力」就是這樣子的東西。

第一次見到病患時，完全無法預測這位病患面對疾病的過程會怎樣發展，也不知道他的心情會走向何方，但我都是想著「肯定沒有問題」傾聽他們說話。

面對痛苦時，有路標可以指引你方向

該如何面對喪失「健康生活」這個事實？
該怎麼在「改變的現實」中生活？
病患需要面對這兩個課題。

我前述曾提過，一百位病患就有一百種面對疾病的方法，但其中有幾個大路標可以參考。

接下來請讓我來說明。

當病患突然從醫師口中得知罹癌事實時，之前認為理所當然的事情——「永遠不變的健康、和平生活」頓時變了樣，變成一個完全不同的世界，各種失落和伴隨死亡預感的現實會突然現身在當事者面前。當世界變了樣，從心理學觀點上來看，需要面對兩個課題。

第一個課題是面對「失去健康且和平的生活」的失落感。最先應該會出現不想面對這個事實的心情，在無法承受的現實面前茫然若失也是無可奈何的事情，可能也會湧現不甘心與無止盡的悲傷。在「面對喪失」這個課題中，負面情緒扮演相當重要的角色，所以需要徹底悲傷、徹底沮喪。

有些人明明悲傷、痛苦的心情都要滿溢而出了，卻佯裝冷靜，告訴自己「這只是小事情而已」。認為不可以哭、不可以讓人看見軟弱一面的人，可能很抗拒顯露自己的負面情緒，也可能對突然改變自己至今的做法感到恐懼。

但是壓抑痛苦也不會讓這股心情消失，那只會在你的心底深處不停盤旋。所以我都會慢慢勸導這些壓抑情緒的人：「忍耐應該也很痛苦吧。你可以相信自己的心裡話，讓你想要大聲哭喊的心靈自由吧。」

第二個課題是思考「該怎麼在完全不同的現實中生活，可以從中找到意義嗎？」暴風雨般的悲傷與憤怒不會輕易停歇，也不可能完全消失。當你產生「很可惜，這個事實不可能改變」這種接近放棄或絕望的感覺時，就該開始著手面對第二個課題。

第一個課題和第二個課題會同時進行，當你的悲傷與憤怒漸漸平息時，就會轉向思考新的人生。不是完全切換，而是一點一滴，如同顏色漸層般慢慢變化的感覺。

Chapter 2

每個人都擁有恢復的力量

接受「失落」需要時間與過程

經過「憤怒」與「悲傷」這些情緒後，
就能慢慢面對失去的東西。

得知罹癌時所受到的衝擊，會因你視其有多嚴重而有大小之分。舉例來說，認為「差不多該有人接我到那個世界了」的人得知罹癌時，情緒也幾乎不會有所起伏吧。另一方面，根本沒想過自己會罹癌的年輕人，應該會大受打擊。

二十七歲就罹患進行期革囊胃（瀰漫浸潤型胃癌的一種）的岡田拓也先生，他說從醫生口中聽到「你罹患了癌症，而且相當難以根治」時，他根本無法相信這是現實。不認為眼前的醫生是在說明自己的病情，有種像在看連續劇的感覺。且之後的事情完全沒有記憶，連自己怎麼回家的也記不得。

人遇見超乎想像的衝擊時，心理機能會潰不成軍，就算可以理解眼前發生什麼事情，也可能不認為那是現實，或是無法留存於記憶當中。

專業術語上稱其為「解離狀態」，不僅限於得知罹癌時的狀況，這是心理承受巨大衝擊時常會出現的狀態。解離狀態或許是為了保護心靈不受突如其來的巨大衝擊影響的必要機制吧。

岡田回家之後仍精神恍惚，那天晚上幾乎沒睡。但在清晨稍微入睡後醒來時，「啊啊，昨天那件事情果然是真的啊！」的真實感和強烈的絕望一口氣湧上來。像他這樣脫離解離狀態並認清事實後，接下來就會出現憤怒與悲傷的情緒。憤怒與悲傷是感到「不公平」或是「太不講理了」時會出現的情感，這也是保護自己的必要機制。

岡田認為「二十七歲的自己理所當然該過著健康生活」，無法接受沒做什麼壞事的自己竟然會罹患進行期革囊胃，滿腦子都是「為什麼這種事情會發生在我身上啊」的想法。岡田無法壓抑波濤般的怒氣，大吼大叫、拿東西出氣，甚至還遷怒到父母身上。但不管怎麼掙扎，現實仍屹立不搖站在他面前，而他最後也氣累了。

等到憤怒情緒逐漸平息後，接著會開始出現滿滿的悲傷。悲傷是「失去自己重要事物」所產生的情緒，擁有撫慰心靈的作用。岡田一想到他得要放棄原本腦海描繪的充滿希望的未來，就無法止住淚水。

正如岡田一般，失去重要事物時，需要時間與各種不同的過程才有辦法接納失落感。茫然自失無法理解發生什麼事的時期、混亂哭喊對不講理的現實憤怒的時期、面對失去的事物而淚流不止的時期、理解人生本就不公平而感慨甚至哭泣的時期等等，每個人的各個時期會以不同樣貌呈現，一點一滴去面對這件事[4]。

這在心理學領域中稱為「哀悼工作（mourning work）」，經歷這個千辛萬苦的過程之後，人才能逐漸與罹癌前描繪出的人生道別，朝著新的現實邁步前進。

4 參考資料：《Cancer Board Square》二〇一九年四月號 P.172-176〈人為什麼會悲傷？〉清水研、白波瀨丈一郎撰，醫學書院出版。

如果沒有「十年後」，現在又是為了什麼而活？

越是嚴謹依著目標生活的人，
在知道可能失去「描繪的未來」時，
越是迷惘。

第一個「面對喪失」的課題無法完全結束，但隨著時間過去，強烈的負面情緒也會漸漸改變樣貌，當出現「不管怎樣掙扎，都無法改變自己罹癌的事實」這種想法時，就要開始著手面對第二個課題。

岡田在他患病前，是個生活相當嚴謹的人。他任職於金融機構，責任感強烈，不吝努力去達成交辦給他的任務。身邊的人也認同他的能力，他也想著近期想要申請派駐海外，下班後會把時間花在學習外語上，也會上健身房培養體力。他的朋友也很多，但他與朋友交流的目的不是為了放鬆，而是重視和可以激勵自己、提升自我能力的朋友相處。

也就是對岡田來說，人生的目的就是「實現五年後、十年後，甚至更久以後的未來夢想」，為了達成這個目的，他不惜付出任何努力。

岡田因為罹患進行期革囊胃，知道自己再過不久就要迎接「死亡」，領悟「描繪的未來夢想」絕對不可能實現後，他迷失了每天努力的目標。

岡田陷入極度混亂，開始不知道活著的意義。

接著，岡田心中出現了新的疑問。

「如果沒有十年後，那人現在到底是為了什麼而活？」

聽說他一開始去書店買了各種書籍，但幾乎每本書都以人類會長命百歲為前提來書寫，反而讓他更加沮喪。

就在此時，岡田到我這裡接受諮商。在他非常痛苦，想著乾脆就這樣死掉算了的時候，他的主治醫師告訴他有專門照護癌症患者心理健康的醫師，讓他想要聊聊看是怎麼一回事。

岡田一開始對於諮商半信半疑，用「你怎麼可能理解我的心情」的狐疑眼神看著我。這股情緒背後，或許是羨慕著應該能比他更長壽的我吧。

我一開始很擔心，不知道能不能和他建立起信賴關係，但我依照我一貫的方法詢問他至今有怎樣的人生，接著告訴他我對他的理解。

「你是一個為了將來而活在『現在』的人，換一種說法，你是為了將來而犧牲『現在』，所以你不知道『現在』該怎麼活。」

我說完後，岡田對我說：「我覺得就是這樣，希望你可以和我一起思考，我到底該怎麼辦才好。」大概是產生了些許想試著依賴我的心情吧。

而我也決定接下教練的任務，陪伴岡田一起面對「該怎麼在完全不同的現實中活下去」這個課題。

感謝今天活著

意識到死亡之後，
才會對視為理所當然的事情產生感謝。

在著手面對「該怎麼面對完全不同的現實」這第二個課題之後，前方有怎樣的世界等著呢？

從心理學領域的創傷後成長相關研究中得知，當事者的想法會出現五種變化[5]。

就是以下這五種。

1 感謝人生

2 全新觀點（可能性）

3 與他者間關係的改變

4 身為人類的堅強

5 精神層面的變化

5 參考文獻：《創傷後成長手冊 難以忍受的經驗帶給人類的影響》Lawrence G. Calhoun/Richard G. Tedeschi 原著編輯，宅香菜子／清水研監譯，醫學書院出版。

雖然不是所有人都毫無遺漏地出現這五種改變，但仔細觀察每個人的思考變化後，可以發現大多符合這五種中的幾種。

知道這五種變化後，也對我自己的思考、生活方法產生很大的影響。我覺得它們讓我得以分辨，現在自己緊握手中不放的事物裡，哪些是根本微不足道的事，哪些是不好好珍惜絕對會後悔的事。所以我想要向大家詳盡說明這五種變化。

首先，五種變化當中，大多數人一開始出現的改變是「感謝人生」。罹癌後會意識到死亡，接著就會產生「自己還能活多久」的不安與恐懼，但反過來說，也會產生「其實平安活過今天根本不是理所當然的啊」的想法。

人類有物以稀為貴的習性。貴金屬的黃金要是到處都是，大家應該連看也不看吧。同樣道理，只要錯覺時間無限，就容易浪費每一天，但當發現時間是有限時，就會覺得每一天都無比珍貴。

也有人開始產生「想要感謝可以活過今天這一天」的想法。

我第二次見到岡田時，他對我說：「我好不甘心我生病。在生病前，我一直覺得自己是運氣很好的人，但並非如此，我抽到下下籤了。」

我心裡邊想著「原來如此，『下下籤』啊，還有這種比喻啊」，邊聽他說話。

我試著對怨恨自己人生的岡田說了這段話。我先說了「說這種話你或許會生氣」了之後才問他：「只是一個假設問題，你認為不抽籤比較好嗎？」

岡田回我「什麼？」一臉無法理解我這句話是什麼意思的表情，於是我接著補充：「也就是說，如果你注定有一個會生病的人生，那你是不是認為別出生比較好呢？」

岡田思考一段時間後回答：「不，我不認為不抽籤比較好，嗯，就算是最糟糕的一支籤，還是抽了比較好。」

他又思考了一會兒後開口說：「一想到『正常來說，應該可以再活更久』就覺得好不甘心。但是，我可以出生在這個世界上，也是許多偶然交疊之後產生的結果。」

岡田的絕望感雖然很巨大，但因著他原本個性的幫忙，在那之後，我感覺他開始掙扎著要積極正向解釋這些事情。他說：「老實說我很不甘心，但我很感謝我現在活著，我想要努力活下去。」

我有句話非得要告訴現在身體健康的人，大家或許會和岡田一樣，突然得知自己罹癌，也可能遭逢事故或天災。

雖然過於恐懼導致滿腦子全是這件事情也不好，但我認為各位心裡都要有著「不知何時會失去健康」或是「這是總有一天肯定會失去的東西」的想法比較好。

這是因為，如此一來才能產生「今天也能健康活過一天是相當值得感恩的事情」的感謝心情。

和家人或朋友共度歡樂時光、看美麗風景、吃美食，這些事情如果不加以意識，或許就是一段視為理所當然而度過的時光，但一想到不知何時可能失去這樣理所當然的每一天，就會感覺這些相當令人愛憐。這種思想也與古羅馬人的「Memento mori（勿忘你終有一死）」的教誨有異曲同工之妙。

只要思考什麼是人生中重要的事情，行動也會隨之改變

關於使用金錢的方法與工作方法，有人開始過著與以往不同的生活方式。

發現平安度過今天一天並非理所當然，產生感謝念頭後，人類就會開始拚命思考該怎樣度過寶貴的時間。開始思考人生中真正重要的東西是什麼，思考優先順序，並深入思考活著的意義。

這就是五種變化中的第二個「全新觀點」，或者被稱為「全新可能性」的變化。

這是一位五十多歲罹患咽喉癌的男性的故事，這位男性平常相當注意「節儉」，據他本人表示，看存摺是他最快樂的時間，也一直過著這樣的生活。但在他罹患癌症後，開始思考起「完全沒想過使用方法，只是一味存錢到底有什麼意義？」

金錢的功用是什麼？在這之前，他認為要為了家人累積財富、留給家人是很重要的事情，現在則是出現了「金錢應該是要拿來和珍視的家人共度美好時光吧」的全新觀點。

花錢並非壞事，為了珍視之人花錢，為了自己想做的事情花錢才有意義。就像這樣，應該有許多人因為生病而改變金錢價值觀吧。

另外一位六十三歲罹患肝癌的男性，他在經歷報紙記者工作後成立顧問公司，為了公司每天都過得相當忙碌。明明應該是為了做想做的事情才開公司，但當他發現時，他已經在不知不覺中失去自由了。

這位男性在阪神．淡路大地震時正好任職神戶支局，他家因為地震半毀，他也差一點在地震中喪命。雖然自己也很痛苦，但因為「得把這個狀況報導出去才行」的使命感，他仍持續採訪，並在工作中看見失去家人的人等讓人心痛不已的狀況。

受訪者說的故事一直在他心中，他一直想要把受訪者的心意付梓成書，卻在忙碌的生活中不斷把這件事往後拖延。

當他罹患癌症，領悟自己的人生有期限後，就把公司讓給下屬，完全不再過問公事，接著開始從事把自己的經驗傳達出去的活動。

要和這位男性一樣做出離開公司這種重大決定絕不簡單，如果衝動行事也可能導致後悔。

但就算有「總有一天想做」的事情，只要沒意識到人生有期限，想著「有時間再來做就好了」而不斷拖延，結果可能就這樣沒有實現而結束一生。如果你心中有「絕對非做不可」的事情，我建議你思考「要用怎樣的方法才能實現」、「什麼時候開始做比較好」、「時機是否成熟了」等等，好好做準備。

要以與珍視之人共度的時光為最優先

感謝在自己最痛苦時支持自己的家人與身邊的人，就會發覺至今未曾注意的他人的溫暖。

思考人生的優先順序後，你覺得大多數的人認為最重要的事物是什麼呢？

那就是和自己珍視的人共處的時間。

罹患重病後，就會出現許多困難。

即使是過去靠自己的力量解決各種問題的人，也有許多人感覺「這次大概無法振作了」。

此時，就會發現家人、朋友，以及其他許多人對他伸出援手。如此一來，他會重新感受到「自己是在許多人支持下才能活到今天的」。

這就是第三個「與他人間關係的改變」。

二十七歲罹患革囊胃的岡田，歷經對年紀輕輕就失去健康的憤怒、悲傷階段後，開始面對「該怎樣才能讓自己思考，要怎樣活著才能讓自己有限的人生有意義」這個課題。

他說剛得知罹癌時，也常把無處宣洩的怒氣發洩在雙親身上。

那是發生在他住院時的事情。

在他沒有食慾時，母親一句「多少吃一點比較好吧」讓他心頭煩躁瞬間爆發，對母親說出：「我也知道不吃不行啊，但就是吃不下！妳到底懂什麼，回去啦。」

在母親整理東西準備回家時，岡田的怒氣平息，對自己亂遷怒的行為感到非常愧疚。

看著母親說「對不起喔」，眼眶泛淚走出病房的寂寥背影，讓岡田心裡難過，開口對母親道歉：「是我不好，真的很對不起。」

在那之後，岡田一度暫時出院，最後在安寧病房中逝世。

他說他出院時看了小時候的相簿，裡面有著令人懷念的兒時回憶，每一張照片中都充滿著父母無庸置疑的愛。

「雖然很遺憾我年紀輕輕就要死掉，但是我過得很幸福，謝謝你們養我到今天。」聽說岡田對父母說出心中的感謝之意。

溫暖在旁守護的人不只有家人。

這是罹患大腸癌的四十五歲男性，長谷川忠之先生的故事。

長谷川是個不擅與他人交往的人，也不參加同事間的喝酒聚會，在職場上也是沉默寡言的類型。

長谷川因為大腸癌的關係得裝設人工肛門，在他回到公司上班時，令人意外來找他說話的人，是他一直覺得不擅相處的部長。

其實那位部長也同為癌症患者，並長年使用人工肛門，部長更對長谷川說了「還有這種貼片，洗澡時可以貼在上面，非常好用喔」等許多事情。

長谷川受到自己原本以為很難搞的人的溫暖貼心對待，感覺他自己心中也產生了什麼改變。

在這之前，長谷川心中總有著「他人不能信賴」的感覺，會警戒第一次見面的人，也知道自己畏縮不前。

但和部長，以及在患者聚會中接觸許多人、體會到他人的親切對待後，讓他心中萌發「這世界上確實有傷害他人的人，但人類基本上是很溫暖的生物吧」的感覺。

那之後，長谷川在公司開始主動和別人說話，也產生了想要積極加入別人圈子裡的心情。

諮商時，我常聽見病患受到許多人親切對待後，產生「我開始覺得，人類真的好溫暖喔」的想法。

而受到他人許多親切對待、從他人身上獲得勇氣、得到他人支援的經驗，也會轉化成「自己也想要幫忙他人」的心情。

大家真的都活在不知何時會發生什麼事情的世界中

就算是「健康的人」也不知道何時會得什麼病。有人對我說，他開始可以想像立場弱勢者的事情了。

羅患白血病的三十多歲男性本田翔太先生，因為普通的化療沒辦法抑制他的病況發展，所以接受了骨髓移植手術，也就是把自己的骨髓細胞全部殺光，移植他人骨髓細胞的手術。

接受移植治療時，為了不讓外來骨髓製造出的免疫細胞攻擊自身細胞，所以需要服用免疫抑制藥物，但免疫力下降時遭病原菌感染的症狀也很嚴重，他差一點因而喪命。

好險他的病完全根治，現在活力十足地活著。

當他終於得以出院走在路上時，看見身障人士，他突然發現自己看他們的眼神和患病之前完全不同。

他這樣說：

「看見失去腳的人，以前會覺得那些人是異類，感覺和自己活在不同的世界中，根本沒有想像過他們的心情。但現在不同，我開始想著，他一定是遇到什麼很嚴重的事情吧，這個人雖然辛苦，卻也肯定每天努力過活。

我自己接受移植手術後，無法辦到很多原本理所當然能做到的事情，所以自然能開始想像這個人『這個車站沒有無障礙空間應該很辛苦吧』、『走樓梯應該很不方便吧』等等心情。所以不僅限於身障者，只要在路上看見需要幫忙的人就無法置之不理，想要盡量幫忙。」

不僅是本田，還有其他許多罹癌病患對我說：「得到癌症後，也感覺得到對他人的痛苦能有同理心的基礎了。」

「在我生病前，即使聽到許多人談論他們的辛苦過往，也只會說出『那還真是辛苦耶』這種不痛不癢的話，當時的我真實不理解他人的痛苦。」也有人這樣說。

或許是生病前，認為世界上分成「健康正常的人」和「身體有障礙的人」這兩種人，而自己是屬於「健康正常的人」吧。

我想，他們在生病後，才出現「我們活在沒人知道誰會在何時發生什麼事情的世界中」的感覺，也不再區分「健康正常的人」和「身體有障礙的人」了。

「想要幫上誰」的心情會轉變為希望

「自己活著這件事，或許能帶給相同疾病的人希望」這股心情會變成活下去的動力。

住在川崎市的加茂明里小姐，高三時發現罹患胎兒型肝母細胞瘤，這是相當罕見的兒童腫瘤。她動過兩次手術、接受化療，還一度因為消化器官出血陷入病危狀態中。

她現年二十一歲，治療很成功，也沒有復發跡象，但她現在很容易疲倦，注意力也不集中，還有腹痛等症狀都讓她很困擾。結束治療後，她原本以上大學為目標，但精神、體力都還跟不上，心中完全看不見將來的發展。

在這種狀況中，某天她突然跑到我的門診來看診。

染了一頭紅髮，打扮時髦的加茂，雖然是自己要來看診，第一次見面時卻不肯和我對上眼，給我一種在鬧彆扭的感覺。從她符合青春期的打扮中，我感覺到「要是沒生病，我就不會這樣了」的憤怒以及不甘心。

我一開始非常困惑，不知道該怎麼和她接觸才好。我完全聽不懂她喜歡的美國漫畫或是喜歡的流行時尚話題，現在也常常不知該如何是好，但她似乎很喜歡我，兩、三週就會來我的門診一次。

在面談中，加茂會對我說當下的狀況，偶爾也會吐露她無法忍受的心情。我邊想像她還無法看見未來方向的不知所措，邊感覺到她心裡深處蘊藏著巨大能量，我抱著深信她絕對沒有問題的心情面對加茂。

加茂曾對我說過：「我現在活著，會成為罹患相同疾病的人的力量。」

在她得知罹患胎兒型肝母細胞瘤時，這種腫瘤是罕見腫瘤中極為罕見的疾病，聽加茂說當時上網也找不到任何資料，她表示那時是在眼前一片黑的感覺當中面對痛苦的治療。因為自己曾有過這種經驗，當加茂得知有個名為《癌症筆記》的資訊網站[6]會把經驗者的故事拍攝成影片上傳網路，並和網站營運者岸田徹先生在患者聚會中變成好朋友後，她也開始說出自己的親身體驗。

她某天對我說：「我想，現在應該也有罹患相同疾病正在接受治療的人。對那些人來說，雖然還很少，至少我就是個具體例子，我活著就能帶給他們很大的希望。所以，我不能死掉。」

除了為現在正與過去的她承受相同痛苦的人著想之外，想替這些未曾晤面的人做些什麼的想法，也成為她活下去的動力之一。

6《癌症筆記》：http://gannote.com

有種堅強是在想著「已經不行了」後出現

在面對疾病時，
你會發現自己不知道的堅毅和頑強。

「很意外，自己比想像中還要堅強耶。」

我很常從患者口中聽到這句話，而這就是第四個變化「身為人類的堅強」。

五十多歲罹患乳癌的辻百合子小姐，她確診罹癌時，癌細胞已經轉移到肝臟、頸椎中，醫生也告訴她幾乎無法根治。而且頸椎的癌細胞慢慢壓迫到她的視神經，某天她的右眼突然沒辦法動，而且看東西會出現重影。

辻在得知生病的兩年前，每年都有做健檢，但剛好前一年太忙沒時間去，聽她說她一開始很不甘心，對自己非常生氣。但因為她女兒的結婚典禮就在四個月後，她把「我要努力活到看見女兒穿婚紗」這個目標當成前進路標，努力面對她的疾病。

因為要準備女兒的結婚典禮，還有工作要忙，大約過一個月後，原本盤旋大腦不去的「該怎麼辦」的想法離開大腦的時間逐漸變多。那時，她的心情就在「活下去吧」的積極思考與「我得了癌症，而且還轉移了」這種被拉回現實的絕望中來來去去。當她感到絕望時，會悲傷得不能自已，也在朋友和丈夫面前放聲大哭。

婚禮結束後，稍微可以放下肩上重擔時，她說她的心境也產生了一點變化。現在在她心裡深處，也有著「都已經得癌症了，這也是沒有辦法的啊」的放棄心態。

但是在工作中，身邊人的貼心對待讓她感到自己有容身之處，朋友擔心她的時候、高齡八十三歲的雙親擔心她的時候，她也湧出「或許很難過著安穩的生活，但我要努力讓這樣的日常生活再更多一天」的積極心態。

而她現在的目標是「盡量多活一點，希望可以目送雙親離世」，她回想起得知罹癌當時，完全看不到希望的心境，認為「隨著時間流逝，我覺得自己其實很堅強，其實還是有辦法撐過去的呢」！

另外一位五十多歲罹患胃癌的女性也對我說過這段話：

「多虧老天保佑，我到目前為止的人生都過得相當順遂。得到癌症後，雖然有超乎想像的痛苦，但在跨越了之後，有種我撐過一個殘酷戰場的感覺呢。然後啊，就讓我產生了奇怪的自信。就是因為拚命去做眼前的事情，我才能走到這裡。這讓我好想誇獎自己『我可是沒有沮喪好好努力過來了呢』。」

接著她又對我說：「到目前為止經歷過的事情，就好像是不知不覺中爬上高山山頂的感覺。」

發現「自己能走到今天，還真是了不起呢。」這件事，會改變對自己的看法，也會讓人產生自信。我從這裡感受到人類的堅強面。

會變得能感受超越人類的巨大力量

也有人會發現至今沒留意過，超越人類的巨大存在。

當發現遠遠超越人類的存在或是力量時，人就會產生改變，這就是被稱為「精神層面變化」的第五個變化。

有人從宗教的思考中意識到神明的存在，也有人說「發現了令人感動的大自然之美」，自古以來，日本就與自然共存，自然或許是近在身邊的存在吧。

接下來要向大家介紹四十八歲罹患乳癌的女性，矢野裕子小姐的故事。她有一個念國中的女兒，但因為個性內向，不太能融入同學當中，所以常常請假。而在矢野確診乳癌後，還一度拒絕上學。

矢野責備自己造成女兒的負擔，也非常擔心女兒的將來。在她女兒上高中時，她的乳癌復發，雖然接受了化療，病情還是逐漸惡化。她的女兒沒有多說什麼，邊念高中也邊努力幫忙做家事。

當時矢野覺得「如果自己沒有生病，女兒就能過著普通的高中生活了」，而對女兒感到非常愧疚。

在女兒高三的第三學期，矢野的乳癌已經轉移到肝臟數處，或許只剩下四個月可活了。她領悟自己將不久於人世，但無論如何她都想要參加女兒的畢業典禮。

這個願望好不容易得以實現，矢野坐著輪椅去參加女兒的畢業典禮，她看著女兒挺直腰桿領取畢業證書時的身影，湧起「啊啊，這孩子也長這麼大了啊」的安心感，以及感謝女兒明明在還是想要任性撒嬌的年紀，卻如此孝順，因而止不住淚水。

典禮後她和丈夫、女兒一起在櫻花樹下拍照。不經意抬起頭時，櫻花映入她眼簾，藍天下，開展的樹枝上櫻花盛開，這幅美景讓她感動得幾乎發抖。「啊啊，櫻花原來是這樣美麗啊……」

美麗盛開的櫻花、女兒成長的模樣，以及雖然不久於人世，在那之前卻可以度過如此美好的一天，她或許是將這三者的心情交疊了吧。聽她說，她從那個風景中，感覺到了超越人類力量的神聖東西。

Chapter 3

人在臨死前，才會發現沒有順心而活

「另外一個自己」將自己逼入絕境

「非得這樣做不可」的自己，
常常令「真實的自己」痛苦不堪。

至此，我向大家說明了人擁有面對苦難時的力量——「恢復力」。即使罹患如癌症這般的疾病、感覺自己的人生完全變了個模樣，多數人還是會勇敢面對失落，接著努力活在全新的人生中。而面對失落時最重要的就是要徹底悲傷、徹底沮喪。

另一方面，其實也有非常多人對於用這種方法去面對狀況感到相當困難。明明很痛苦，卻因為沒辦法讓人看見自己的軟弱，而逞強著不肯說出痛苦。明明希望別人理解，卻沒辦法對身邊的人吐露心情，導致孤獨。

也就是說，這些人可說是無法承認自己最真實的心情。

為什麼沒辦法承認自己最真實的心情呢？

這是因為，就算他其實想著「我想〇〇」，也會有另外一個自己頑強地踩下煞車說「不可以這樣做」。本章就要向大家介紹這個阻止你發揮「恢復力」的「另一個自己」。

「另一個自己」較強勢的人在罹癌後，精神被壓力逼迫到極限的例子很常見，有許多人因為陷入進退兩難的狀況，而前來心理腫瘤科門診就診。

這些人，並非什麼特殊的人。

他們罹癌前，在社會中沒有特別引起什麼問題，某種意義上來說，就是群普通人；更正確地說，他們大多都是很努力、做出各種成果，在公司中也擁有很高評價的人。

與這些人面談時，可以感覺到有些人其實根本不是真心想來看診，所以馬上就要求聽見他們傾訴自己的痛苦也很困難。

認同他們根本不想要來心理腫瘤科看診的心情，同時也側耳傾聽他們感到困擾的事情，這可以讓他們一點一滴敞開心胸。

至此，對方才終於願意與我攜手合作，開始尋找「無法承認自己真實心情」的理由。

在這個過程中，原因正是起源自成長過程中與父母之間的關係等，可以得知這是在病患活到今天的漫長歷史中培養出來的東西，所以，想要解決這個問題，大多都需要回顧自己的過去。

在恢復力門診中，會帶著病患回顧自己成長至今的軌跡，所以對「另一個自己」相當強勢，沒辦法認同真實心情的人來說，是最適合用來理解自己的地方。

隨著在恢復力門診中的療程進展，病患就會越來越明白有個束縛住自己，並說著「不可以做這種事」的「另一個自己」存在。

接著也會明白，過去確實有無論如何都需要這另外一個自己的狀況，但現在「應該已經可以直接認同自己真正的心情了吧」。

這是一個非常需要時間與毅力的作業過程，我看過許多人從另外一個自己的手中解放後，彷彿重獲新生般自由自在地活著。

我有時和認識的精神科醫師聊天時，會聽見「長大成人之後，人的本性可沒那麼容易改變」的想法，但我可以斷言「不、不，為什麼這樣說，從我的經驗來看，人不管到幾歲都能改變」。

另外，我還想要告訴大家另外一件事情。就在我聽這些人說話時，沒想到我也發現自己心中有個「想要束縛真實心情的自己」。

接著產生了出乎意料之外的副產物，出現「不需要拘泥這種事情也沒有關係」、「這種時候反而要拿出勇氣說出自己的心情比較好」、「珍惜自己最真實的心情吧」、「這種事情應該要好好珍惜才是」等等想法，也讓我重新審視了自己的定位。

接下來，我想要說說我遇見的「沒辦法認同自己真實心情的病患」的故事。

當你無法繼續工作時，你能感受自己的存在價值嗎？

曾說出「沒辦法繼續當外科醫師的自己只是個空殼」的患者，變得能疼愛努力的自己，並且寬恕現在的自己。

前幾天，四十八歲的外科醫師石原英樹先生來我的門診就診。

第一次見面時，他就對我說：「我認為自己沒必要來看精神科，但我信賴的主治醫師推薦我來，雖然非我本意，但我還是來看看。」他帶給我一種不想要承認軟弱的自己而虛張聲勢的印象。

「原來如此，是主治醫生半強迫推薦你，你雖然沒意願還是來看看了啊。」我說完後，接著問石原他現在遇到怎樣的狀況，他才慢慢對我坦白說出他的心境。石原因為癌症治療的後遺症導致手麻痹，「已經沒辦法繼續當外科醫生了」讓他非常痛苦。他也說「無法繼續當外科醫生的自己只是個空殼，完全沒任何價值了」。

確實，不難想像無法繼續從事自豪的外科醫師工作對他本人來說是很痛苦的事情，但石原的「無法當外科醫生的自己只是空殼」這句話讓我感到有什麼不對勁。

問了他生病前的工作情況後，他對我說他為了不輸給同事，比其他人付出多一倍的努力。大學畢業二十年，早已從中堅分子進入資深醫師的地位了，他仍幾乎每天都在醫院度過一整天。要求自己提供所有病患最棒醫療的石原，看見部下稍有懈怠就會怒聲斥責，是職場上有名的嚴厲上司。

我接著問他：「你為什麼會當醫生？」他回答：「因為我只有這個選項。」我忍不住回問：「只有這個選項？」他又進一步對我說：「我也不知道自己是不是真的想當醫生。直到現在，我連自己到底適不適合當醫生都搞不清楚。」當我問他：「那可以請你告訴我你為什麼只能當醫生嗎？」後，他開始對我述說他成長的環境。

聽他說，他母親的家族醫生輩出，母親相當尊敬身為優秀外科醫師的外公。他身為獨生子，從有記憶開始，就在母親有意無意「希望你將來可以成為優秀的醫生」的壓力下長大。聽他說，他考上醫學系時，很少誇獎人的母親說著「真是太好了」，打從心底認同他的努力。正式從大學畢業，即將展開外科醫師的職業生涯時，雖然感到開心，也強烈感受到「這是全新開始，我得要成為和外公一樣的一流醫生才行」的壓力。

聽到這裡，我也能理解他會說出「不能當外科醫生的自己只是空殼」的理由，於是對他說：「你如果不成為優秀的外科醫生，就沒辦法得到母親的愛。所以你才會一直努力到現在。」說完後，原本相當堅強的他第一次沒辦法壓抑情緒，在我面前流淚。等到他情緒平穩抬起頭來時，我想再多說一句話，便問他：「但是，如果不是優秀的外科醫師，你就真的沒有價值了嗎？」

聽到我這樣說，石原回答：「不知道耶，我也不清楚。」

在那之後，我們花費心力，利用諮商時間一起重新回顧他的人生。因此知道了他即使不喜歡也還是努力念書、知道他當上醫師之後為了許多病患努力。

羅癌之前，即使病患向他道謝，他也只覺得「這是理所當然的事情」，但現在感覺「啊啊，那位患者當時真的很害怕啊。」開始可以想像自己的病患的心情了。

接著也能回想「自己當時的努力，或許也給害怕的患者一點勇氣了吧。」在第五次諮商結束時，「這樣的自己沒有用」的心聲雖然沒有止息，但他已經能慢慢接納現在的自己，也開始能疼愛從小為了回應母親期待而努力的自己了。

最後一次面談時，石原這樣說：

「至今我一直想要提供病患最棒的醫療，但我的動機其實是為了確認自己是很優秀的外科醫師，完全的自我本位。之所以對部下嚴厲，也是因為我勉強自己，要自己忍耐，所以羨慕這以外的做法、羨慕年輕醫師可以自由成長的樣子而無法原諒吧。雖然不清楚今後能不能繼續當外科醫師，即使不能當外科醫師也能以不同的形式繼續從事醫療工作。接下來，我不要再以自己為主，想要真正幫忙有困難的人。」

束縛石原至今的另外一個自己，並非完全沒對他的人生派上任何用場，那是他為了得到母親認同的必要存在。另外一個自己讓他做出最大的努力，讓他得以成為外科醫師，救助了許多病患。但他的心情一直很拘束、痛苦，不斷發出哀號。在這種情況中罹癌，終於讓他走投無路，才會一時之間陷入絕望。但這次的走投無路給了他重新審視至今生活方式的契機，讓他得以和另外一個自己道別，最後讓他可以接納最真實的自己活下去。

「自己非得保持健康不可」的死心眼會讓你痛苦

「很在意別人擔心自己」
這種想法的背後，
有著從小至今的原因。

六十二歲的松川英子女士是一位總是活力十足的咖啡廳老闆娘，她罹患子宮癌後也開朗地說著：「我怎麼可以因為這種事情沮喪，笑著不當一回事就好了啦。」反而是主治醫生和護理師們從她身上獲得撫慰。她的興趣是健走和唱卡拉ＯＫ，總是與地方上的好朋友們開心共度，完全沒人能想像松川竟然會在精神狀態上陷入危機。

但隨著病況加重，她的身體開始出現倦怠感，松川的笑容開始變得不自然，最後，她的表情越變越陰沉。

根據陪她看病的女兒表示，她開始不太出門，整天悶在家裡，和朋友們也斷了聯絡。家人相當擔心她，但她本人不肯開口，也不願意說出自己哪裡痛苦。

她的主治醫師聽到之後相當擔心，便建議他們：「這家醫院有負責心理照護的醫生，要不要去看看？」

松川一開始很不願意，但主治醫生相當有耐心勸她，她也就答應要來看診。

她和女兒一起來看診，女兒很貼心地對松川說：「不管什麼都跟醫生說就好了啊。」但她本人表情僵硬，只應了一聲「嗯」，接著再也沒開口。我想著，該不會是在女兒面前難開口，所以就請她女兒先離席了。

女兒離開後，松川不發一語一段時間後才開口：「我覺得讓她擔心真的很過意不去……」

我對她說：「原來如此，妳想著不可以讓家人擔心啊。但是啊，我是專家，所以很習慣面對這類諮商了，而且妳在這裡說的事情我不會對其他人說。」接著她才開始慢慢說出自己的事情。

松川說她在三十年前因為結婚搬到現在居住的城市，接著在那邊經營咖啡廳到現在。雖然是很小的咖啡廳，但在附近居民的支持下，她工作起來非常開心，假日和朋友一起去健行是她的興趣，她說天氣晴朗時在大自然中散步，有種無可言喻的神清氣爽感。

但最近倦怠感越變越嚴重，她不再去健行，也想著得把咖啡廳收起來才行了。在說這些事情時，她嘆氣道「總覺得好無聊」給我很深刻的印象。

我似乎稍微能了解松川的心境了。原來如此，她沒辦法繼續從事當成生活重心的咖啡廳工作和健行，所以感到非常無聊。

但是，另一方面也有些事情不懂。

她身邊有女兒、朋友等許多人努力想要支持她，但她本人卻想著「不可以讓大家擔心」而躲在家裡足不出戶，所以我這樣問她：

「沒辦法過著先前那樣喜歡的生活，我能理解妳感到非常憂鬱的心情。但是妳為什麼會覺得讓身邊的人擔心是一件很過意不去的事情呢？或許身邊的人會擔心妳，但我覺得最痛苦的是妳自己，妳應該不需要對身邊的人那麼客氣吧？」

但松川只回了：「不，我不想要讓大家擔心。」所以我又更進一步問：「舉這個例子很不好意思，但如果立場反過來，妳會怎麼想呢？假設妳的女兒因為生病而痛苦，但她想著不可以讓媽媽擔心，所以不願意說出口只是自己忍耐，妳會怎樣？」松川回我：「當然會希望她別忍耐，儘管說出口。要是不說反而讓我更擔心啊。」

「照妳這樣說，妳明明希望女兒可以說出來，但妳卻覺得不可以把自己的事情對女兒說，這是為什麼呢？有什麼理由讓妳這樣忍耐呢？」我如此問道。

松川深思般沉默一段時間後，才接著對我說：「其實我父母在我很小時就過世了，我叔叔夫妻在東京事業成功，所以我就到東京寄住在叔叔家。雙親和叔叔果然還是不同，所以我努力不讓他們擔心過生活。」

雖然剛開始淡淡說明，一段時間後，大概是情緒油然而生，她開始落淚，說完時還放聲大哭。

我在腦海中想像幼年時期的松川，戰後沒多久，一個在叔叔經營的紡織工廠中，雖然寂寞也努力裝出開朗模樣的小女孩，讓我產生了非常難過（雖然惹人憐愛的表現更加貼切）的心情。

接著我對松川說：「原來是因為這樣，妳才覺得自己不可以讓身邊的人擔心啊。」後，這天的看診時間就結束了。

看著走出診間的松川背影，不知是不是想太多，感覺她和走近她身邊的女兒的距離更近了。

在那之後，在不得不對叔叔夫妻時相當客氣，總是想著「不可以撒嬌」的另外一個自己，或許已經從松川的心中消失了吧。會這樣說，是因為我在那之後就沒見過她，但從她的主治醫生口中得知，她已經可以對家人與朋友說出自己的心情，珍惜與關係親密的人之間的相處時間，過著相當平穩的生活。

是否能發現自己正扼殺著自己

口頭禪是「不好意思」的病患表示，「我不想要在心理窒息的情況下結束人生」，因為生病讓她想要有所改變。

這是五十多歲罹患乳癌的患者，片岡久美子女士的故事。

她之所以會來門診就診，是因為罹患恐慌症，連電車也沒辦法搭，感覺片岡因為罹患乳癌而非常受傷。

因為手術切除乳房，加上擔心會不會復發，她明明痛苦得不得了，卻沒辦法把這個痛苦說出口，累積的壓力超過她的容許範圍，某天突然出現窒息般的感覺，陷入完全束手無策的狀態中。

而我最在意的是，片岡動不動就說出「不好意思」這一點。舉例來說，不管我說「請坐下」，或是告訴她「那我先開兩週的藥給妳吧」，她開口就先說「不好意思」。

我對她說「妳別過意不去一直說『不好意思』，請別客氣……」後，她又立刻接「不好意思」，讓我不禁失笑，她也回：「啊，我又說了。」

我告訴她：「雖然有點像是強迫妳接受我的意見，但與其說『不好意思』，說『謝謝』我會比較高興喔。」她終於笑著對我說：「啊！好，非常謝謝你。」

她第二次回診時，果然還是改不掉「不好意思」，這讓我相當在意，於是便問她：「妳好像很常說『不好意思』，是什麼時候開始養成這個口頭禪的呢？」因為片岡自己也不太清楚，我就對她說：「如果身處常會被斥責的環境中，就可能養成這種口頭禪。」

這句話成為她開始思考關於自己的許多事情的契機，也開始在恢復力門診中回顧自己的過去。

聽她說自己的故事後，得知了她孩提時代與父親之間的關係讓她感到活得很辛苦。

她父親是白手起家，一手壯大公司的人，聽說父親在帶她和妹妹到百貨公司的玩具賣場買東西時，會對她們說：「三十分鐘以內選個喜歡的東西，什麼都買給妳們，所以要挑個高貴的好東西來喔。」

片岡這種時候都會想著「我得要找個會讓爸爸誇獎的東西才行」，心情也越來越著急，沒辦法好好挑選，結果時間快到時，只能選個大玩偶，她就是這樣的孩子。而她妹妹則是確實挑選高級品，父親會摸妹妹的頭說：「妳還真有挑東西的眼光呢。」

另外，帶她們到高級壽司店，讓她們坐在吧檯時，父親會說：「要點什麼都可以喔。」她就會扭扭捏捏說不出話，最後說出口的竟然是「小黃瓜捲」。

而她妹妹這種時候會立刻說出「鮪魚肚！」每次遇到這種狀況，她的父親都會嘆氣看著她露出不悅表情。

片岡非常喜歡父親，她說體格壯碩且充滿自信的父親是她崇拜的對象。她就在父親反覆對她說「妳還真是沒用耶」、「我對妳太失望了」之後，漸漸變得在父親面前畏縮起來，沒辦法自然露出笑容，因此養出窺探他人臉色的習慣。自己是「沒用孩子」的想法深植她的心中，她就在對自己完全喪失自信的情況下長大成人。

我又進一步了解後得知，片岡的丈夫是和她父親完全不同的溫和穩重之人，總是願意停下來等待緩慢的她。聽說他們結婚之後，她的丈夫只對她生過一次氣。在片岡說：「對不起，我得了癌症。」後，丈夫回她：「妳說這什麼話！道什麼歉啊！」聽說這是她丈夫第一次說出這麼重的話。另外她提到兒子也是個溫和的人，正在以成為獸醫師而努力。

片岡就在自己回顧孩提時代到現在的過程中，發現了自己得到恐慌症的原因是因為她一直扼殺自己活著。雖然她的丈夫和兒子都很溫柔，但她仍總是擔心會從他們口中聽見「妳真是沒用」。在她罹患乳癌，從鏡中看見自己掉髮禿頭的模樣後，終於達到忍受極限了。

她心想：「我可能就要因為癌症死掉，但我無法忍受在心靈窒息的狀況下結束人生。」

接著在諮商當中，她如此問我：

「醫師，我可以坦然照自己原本的樣子活著嗎？」

我自然脫口而出：「當然。」

在那之後，片岡出現了很大的改變。開始穿起明亮色系的衣服，也開始和朋友一起出去吃午餐。

恢復力門診，是我和病患一起思考「真實的自己」、「順心活著」的地方。只要知道是什麼讓病患踩下煞車，心靈自然而然也能邁步向前。

如果只有「must」的自己活著，撞牆時就會感到走投無路

我認為應該要把「want」的自己當成真正的自己，並且好好珍惜。

石原、松川、片岡，他們分別回顧各自的人生後，可以得知石原心中有個「自己非得是個優秀外科醫師才行」的自己存在。

松川心中有個「不能讓身邊人擔心」的自己，而片岡心中有個「自己很沒用」的自己存在。

即使實際上那人心底深處有著「好傷心」、「好想依賴誰」的心情，另一個自己也會在心裡說著「不可以說洩氣話」，所以才非得要忍耐度日不可。

這三人都有完全相反的兩個自己，遇見彼此互相激烈衝突的狀況，但其實我們每個人都有兩個自己。

在剛懂事時，我們會順著「好傷心」、「想要依賴誰」的心情去依賴母親，這是因為當時只有一個「我想要這樣做」，行為動機來自於「ｗａｎｔ」的自己。

但接受雙親教養，在經營社會生活過程中與他者接觸，會逐漸形成「不可以說洩氣話」、「得要更加努力才行」、「在這種情況下得要好好做才行」的另一個自己，也就是行為動機來自於「ｍｕｓｔ」的自己。

對石原、松川、片岡而言，「ｍｕｓｔ」自己的存在確實在人生中派上用場，舉例來說，石原正因為有「我得要成為優秀外科醫師才行」的壓力，所以才能努力不懈至今。

那麼，「ｗａｎｔ」和「ｍｕｓｔ」，到底哪一個才是真正的自己呢？

雖然兩者都是自己，但我認為應該要把會說出「好難過」、「想要依賴誰」的「ｗａｎｔ」自己當成「真正的自己」，並且好好珍惜。當然只有「ｗａｎｔ」自己也不行，有時也會出現需要想著「這邊要再多努力一下」來做事的狀況。

但是，「ｍｕｓｔ」自己當主角，總是說著「不可以說洩氣話」來強烈束縛「want」自己，這樣的生活方法應該相當辛苦。就算因為這份努力讓你得到社會上的成功地位，也會讓「want」自己大聲哀號，心底深處感覺到一股空虛吧。

接著，「must」自己相當強勢的人，當迎接無法繼續聽從「must」自己的聲音努力下去的中年期，就會出現危機。或者是在無預警的狀況下遇見罹癌等巨大高牆時，就會感到走投無路。

這是因為，面對失落最重要的就是要徹底悲傷、徹底沮喪，儘管如此，

「must」自己會壓抑住「want」自己

「must」自己不允許自己順心悲傷、沮喪。

但走投無路也不全然只會帶來負面影響，如同這三人一樣，走投無路給了他們尋找不同道路的動機，放鬆「must」自己的控制，讓「want」自己有機會獲得自由。

獲得自由的人，當然也不是就此逃脫疾病帶來的各種痛苦，但有許多人在接納自己真實的心情後，朝氣蓬勃地活著。

讓「want」自己，真正的自己當主角活著，我想至少可以消除「我這樣真的可以嗎？」的迷惘。

其實我也一直走在自己認為並非以自己的人生為主體的道路上，比起自己的「want」，我更想要去回應要求我做到的事情，在被眼前的事情追趕，時間一轉眼就消逝的日子中，我感到強烈的空虛感。

而這樣的我，在看見這三位病患讓我看見的道路後，教會了我許多事情。讓我開始傾聽自己的「want」，想要重視「自己心底深處的心情」，這讓我的空虛感漸漸隱身。

關於這些事情，我想要在其他章節進一步詳述。

Chapter 4

為了珍惜今天，好好面對自己的「want」

即使知道人終有一死，為什麼人類要如此努力活著呢？

自從在癌症醫療中心工作後，我開始感覺「死亡」是個近在身邊的東西。

在本章，我想要稍微述說我自己的事情。

或許讀者對我一點興趣也沒有，而我說出自己的事情，可能也會對我的人際關係、生活產生負面影響。

但是，我在這份工作中真的學到很多事情，透過我的經驗，我想我或許能夠告訴大家「因為從癌症病患的故事中學習到的事情，讓我的人生方向更加確定」，所以提筆寫下。

當然，大家可能對我的部分想法毫無共鳴，所以當你感覺不認同時，只要覺得「原來也有人這樣想啊」就可以了。

我從二〇〇三年春天，三十一歲時開始在國立癌症中心工作。在這之前剛結束在精神科的一連串實習，現在回想起來完全就是錯覺，但我當時覺得自己已經是個獨當一面的醫生了。

在這之前，我所診療的病患都是「典型精神疾病患者」，且任職的醫院也是這之中對於藥物治療反應良好的病患群聚的醫院，所以我心中有著「精神痛苦可以透過治療改善」的印象。

就在那時我得知「有許多癌症患者也為憂鬱症等精神疾病所苦」，我想著我或許能夠拯救這些人吧。真的相當膚淺，我在根本不清楚是怎樣的醫療現場的情況下，自以為到癌症中心工作後，立刻能幫上病患。

但實際開始在國立癌症中心（現為國立癌症研究中心）工作後，工作第一天，我「可以幫上病患」的幻想立刻破滅，每天都感受著「為了當精神科醫師所學的事情在這裡完全派不上用場」。

我見到的每一位病患，幾乎都是累積了比我更多人生經驗的人，且諮商中的談話主題也是「死亡」等罹患癌症之後得面對的各種嚴肅問題。

就算眼前的患者問我：「醫師，我已經活不久了，我到底該怎麼辦才好？」我也完全不知道該怎麼回答。

工作後不久，我開始出現「我年紀這麼輕到底能幫上什麼忙啊，根本不可能幫上忙吧」的想法。雖然非常抱歉，我見到的各位患者，應該也覺得我一點也不可靠吧。

沒辦法回應病患期待，感覺自己完全派不上用場，這是相當痛苦的事情。想著「我在這裡到底有什麼意義」，滿腦子都想著是不是該回去當個普通的精神科醫師。

還有另一件令當時的我感到相當痛苦的事情。

那就是我接觸的患者一位接著一位逝世，在這之中，有和我同年代，也有比我更年輕的人。特別是同年代的患者，聽對方說話，接觸對方的人生後，我的心就會和對方產生共鳴，感覺對方的心境完整地傳達到我心中。

所以如果有位病患，無法實現治好疾病的願望，抱著「我明明還這麼年輕，為什麼只有我沒有未來啊」的不甘心與悲傷過世，那份不甘心與悲傷就會轉變樣貌留在我心中。

因為工作性質關係，這類事情頻繁發生，我也越來越疲憊。接著，在這之前從沒思考過「死亡」的我，「死亡」是近在身邊的事情的感覺逐漸萌芽。

當時的我懷抱著「我不知道現在自己是為了什麼而活」的巨大空虛感。而為了撫慰這股空虛，我想著「就算現在迷惘，只要繼續尋找，總有一天會找到充實的人生吧」，期待著想像中的未來，努力不失去幹勁，用自己的方法尋找生存意義。

或許是潛意識中有個「在癌症中心工作後，應該可以找到生存意義的啟示吧」的期待，在癌症中心的體認一開始讓我相當痛苦。

「實際感受人終將『死亡＝結束生命』後，在這之前一直以為那是相當久遠以後的事情，但在某些情況下，自己也可能即將迎接死亡。」這個想法讓我感覺到死亡黑影。接著「自己會不會找不到充實人生，就算活著也沒發生任何好事，然後人生就這樣結束了吧」的悲觀想法越來越強烈。

就像這樣，我經歷了很長一段失去目標的痛苦時間，但結果，我在那之後還是一直留在接觸癌症患者的臨床醫療現場。

為什麼沒有辭職呢？這是因為，我看見十分清楚自己只剩下有限時間，卻相當努力活過這些時光的患者，這帶給我相當大的衝擊。

馬丁．路德曾說過：「就算明天就是世界末日，我今天還是要種蘋果樹。」對當時的我來說，「明明知道自己的人生就快要結束了，為什麼還可以這麼認真度過每一天呢？」我相當不解。接著產生「如果繼續從事這份工作，是不是就能解開這個謎團」的想法。

如果因為「非得這樣」活著，就會搞不清楚「為何而活」

我自己是在「非得這樣不可」的想法束縛下長大成人，所以是第一次面對「沒有活著自己的人生」這個問題。

當時的我為什麼會感到空虛，是因為我沒有「順從自己的心情，走著確實的人生」的感覺。

在上一章，我提到「want」和「must」，在我的成長過程中，強烈的「must（＝非得這樣）」自己具體成形。因為我個性內向，在「must」自己面前，「want（＝想要這樣）」自己連喊出聲的勇氣也沒有，就算好不容易鼓起勇氣小聲喊，也會立刻被消除。

我的世代被稱為團塊二代，管理教育、大考戰爭、校園暴力是這個世代最大的特徵，從時代背景來看，比現在更加壓抑「want」自己。我現在都還很清楚國中時分發的學生手冊，裡面詳細記載建議髮型、隨身物品、襪子顏色、裙子長度等等事項。學生手冊彷彿這個時代的象徵，從事物的思考方法到儀容整潔等細部行為，都並非尊重每個人的個性，而是強烈的統一管理想法。

面對強勢管理，自我主張強烈的人，在青春期就會用「叛逆」這種形式來相抗衡。當時很流行的尾崎豐的〈畢業〉這首歌的歌詞，就唱出全力反抗管理教育的年輕人形象，代替當時青春期的所有人說出拘束感，以及想要自由的想法。

除此之外，以「活出自己」為主題的音樂與小說大為暢銷，我想應該有許多人都共有「尋找自我」這個關鍵詞吧。

我的雙親十分努力養育我，也無庸置疑他們相當愛我。照顧什麼也辦不到的幼小的我，教會我各種知識、智慧，以及往前邁進的上進心，我現在只有滿心的感謝。

只不過，我的雙親也相同，比起重視「小孩子想要怎麼做」，更有著「非得這樣不可」的理想印象，常常對我說「這樣不行」、「不可以偷懶」、「你得要成為一個可以對社會有用的人才行」。

另外，我小學四年級時轉學後沒辦法適應新環境，從小學高年級到國中都遭到霸凌，這讓我對自己越來越沒有自信。無法認為「可以展露真實的自己」，是個總是膽怯懦弱的孩子。

內向的我沒有反抗的勇氣，所以只能強迫自己接受這種拘束的狀況，完全把「want」自己關進心裡深處了。當時的我，看見堂堂正正活出自己的人就會感到羨慕，無比討厭毫無自信心的自己。

「want」自己完全失去聲音的同時，「must」自己開始從社會規範與周遭的意見中尋求自己該前進的方向。從雙親或是其他人的認同中判斷自己前進的道路是否正確，受到身邊的意見左右，心情也更加動搖。我每天過得空虛，開始產生「自己到底是為何而活」的煩惱。

我想，這個煩惱也與文化面有所關聯，常聽到「看氣氛」或是「揣測上意」這些名詞，日本有「需要最重視團體和諧」的文化，就算認為某件事情是「白」，也會因為看氣氛，不擾亂和諧，而被要求講出「黑」這類場面話的狀況。

如果自己有確實的中心思想，可以配合狀況靈活運用場面話就好了，但在中心思想尚未建立的狀況下就需要看氣氛活著，只會感到相當拘束而痛苦。

如此一來，「自己到底為了什麼而活」的煩惱只會越來越深。

就像這樣，我一直壓抑著自己「想要這樣」的坦率心情，十分拘束地成長，就這樣懷抱著空虛感，在無法找到「自己為何而活」的答案中長大成人。

接著當上醫師，被眼前的工作追趕，沒有餘力去思考最根本的問題，就這樣度過每一天。

三十歲前，藉著專心於工作來欺瞞自己沒有中心思想這件事，好不容易活到這個歲數，但在癌症中心工作，接觸癌症患者，聽見他們問「到底該怎麼度過剩下的時間」時，連現在的時間該怎麼度過才幸福也不知道的我，根本想像不出答案，因而撞上一道巨大高牆。

就這樣，我封印起的「沒有活著自己的人生」這個問題被解封了。

即使面臨不講理的狀況，仍不失去積極樂觀的人

我在癌症醫療臨床現場工作第二年時遇見的患者，有一位讓我印象深刻。

大家是否曾經想像過罹患癌症這種疾病會有多痛苦？

如果你自己或是家人曾經經歷還可能會懂，但對完全沒接觸過的人來說，對罹癌應該只會產生「肯定是無法想像的痛苦經驗吧」的籠統印象。

我在序章中也曾提到，罹癌後伴隨而來的壓力具有多重面相，不僅讓人意識到死亡、威脅生命，也沒辦法繼續從事至今視為生活重心的活動，即使是過著充實人生的人，也會一時迷失人生的目的。

對三十多歲，視健康為理所當然的自己來說，知道「面對罹癌的現實狀況」後，帶給我巨大衝擊。

從得知罹癌或是得知復發的病患口中說出的話，充滿著面對這個現實時，受到的打擊、憤怒、悲傷與絕望等負面情緒。邊聽他們說話，我邊想像，這些人應該得在這種絕望中度過剩下的時間吧。

我的工作就是陪伴病患面對這個痛苦，但認為病患會一直絕望下去的我，聽他們述說痛苦讓我非常難受，心中真的充滿想要逃離現場的心情。但這是我的工作，我只能訓誡自己，勉強自己每天到病房探視患者。

然後，（雖然也取決於患者）偶爾會發生讓當時的我感到非常不可思議的事情。

說到是什麼不可思議，就是我在第二章寫到的「患者心境的變化」。當然，他們仍舊懷抱著患病的痛苦，但他們變得比過去更加珍惜活著的每一天。

看見在臨終前滿懷感激情緒的病患時，一開始讓我相當驚訝。

我在癌症醫療現場當臨床醫師第二年時，出現一位讓我印象深刻的病患。這位病患小我幾歲，是只有二十多歲的男性患者，他罹患口腔癌，動完手術不久又復發。他知道復發時大受打擊，「我明明沒做什麼壞事，為什麼我非得遇到這種事情不可」他覺得這種人生根本不可理喻，非常憤怒。

那之後，他口中的腫瘤越變越大，完全沒有辦法進食。他的主治醫師對我說，他還這麼年輕，病況卻進展迅速肯定非常痛苦，所以希望我去和他聊聊，我也因此開始負責他的心理諮商。

看他的病歷，我思考著在這種狀態中到底會有怎樣的心境，如果我遇到相同狀況肯定無法忍受，我該對這樣的他說些什麼才好，我可以為他做什麼。我邊想著，邊戰戰兢兢地來到他的病房。

但是我見到他時，他的心態相當積極，還笑著迎接我：「醫生，謝謝你特地來見我。」他也時時刻刻對自己的家人以及負責照顧他的護理師等周遭的人表示感謝之意。用滴管喝飲料時笑著說「好好喝」，還開心地對我說他讀完喜歡的小說的感動心情。

當時我完全無法理解他為什麼能如此冷靜，還能顧慮身邊的人，總是展露笑容。

雖然病況嚴重，但他沒有絕望，一邊感謝周遭的人，一邊努力積極地活過每一個瞬間。儘管我和他說話時的態度小心翼翼，但他總是相當溫暖地迎接我。

半年後，這位病患逝世時，他的父親眼眶泛淚對我說：「他很努力活著了對吧，也承蒙醫生諸多照顧了。」他的父親儘管自己也很難過，還是非常體貼我們這些醫療人員。

每位認識他的醫院員工都很難過，我也還記得每個人都說著「他真的努力到最後一刻了呢」，各自感受到許多事情。

我的心中，除了有與他別離的悲傷，也對他和他的家人產生尊敬。剩下的時間有限，而且疾病也帶來許多不方便，儘管如此，我覺得他沒有任何迷惘。

到底為什麼他的態度能那樣確實，可以那般積極活著呢？

當時我感到非常不可思議，對不知道「自己到底是為何而活」的我來說，他給了我「肯定可以在哪裡找到前進方向」的希望。

「人生是僅此一回的旅行」

近身感受「死亡」中，
自己的「生死觀」開始在心中萌發。

自己將來或許也會生病，而死亡肯定等在前方的強烈感覺，讓我感到恐懼、不安、悲傷、絕望與憤怒等各種情緒。但是，在我過著每天接觸死亡的日子一年左右時，我的心情也漸漸平穩了。

我的想法開始變成「或許將來有天會面臨殘酷戰場，但肯定還有一點寬裕的時間」。

這個變化，或許只是稍微把現實擱置一旁罷了，但我有種在心理上與恐懼等負面情緒保持距離的感覺。這樣做之後，我開始能稍微冷靜注視自己的狀況，接著對「現在自己健康活著」一事湧出感謝念頭。

雖然現在很健康，但這種狀況總有一天會改變。至少一想到「現在擁有的健康不可能永遠持續下去」後，在這之前以為的大前提「明天、後天、下個月、一年後都會過著理所當然的人生」隨之瓦解，開始覺得能平安度過今天一天就是相當值得感激的事情。

那時的我，對「感謝」的想法變得更加強烈。

舉例來說，我會想像，將來有天我肯定只能動彈不得躺在床上，那時的我看到現在的自己應該會很羨慕，也會後悔自己浪費時間吧。

另外，下班後和同事一起去喝酒時，我會認真地說：「將來有天會無法品味這美味的啤酒啊，一想到這，就不由得想要感謝今天。」還引起同事訝異地詢問：「喂，清水你是怎麼啦？」

這個時期，我的心中第一次萌發「生死觀」這種東西。

「生死觀」就是指一個人對於生死的想法，是在自己如何看待死亡並思考活著這件事之中逐漸成形。開始在癌症中心工作前，我根本沒思考過「死亡」，所以也沒自己的生死觀，但在面對患者的死亡中，不管我願不願意，我都得去凝視「死亡」。

那麼，人類是怎樣看待死亡的呢？

自己死了之後靈魂會怎樣，而且到底有沒有靈魂這種東西存在，以上這兩個問題在科學中還沒找出明確的答案，所以每個人都有不同的「我是這樣想」，而且這也沒有標準答案。

有人認為有死後世界，有人認為會再次在這個世界上重生，也有人認為死亡代表結束。

另外也有人認為自己不會轉世重生，但自己和自己所創造出來的東西會一直存活在珍視之人的心中，就這層意義上來看，自己還繼續活在世上。

說起當時的我是怎樣看待死亡，我開始認為「死亡代表結束」。

如果每天過得很愉快，就算「死亡代表結束」或許也不錯，但對每天感覺空虛的我來說，要是就這樣死掉，就會在「自己的人生沒有任何好事」的狀況中結束了。

接著產生「在代表結束的死亡到來前，我該怎麼思考才能找出自己人生的意義呢？」的煩惱。

就在此時，我看電視時，「人生是僅此一回的旅程[7]」這句標語闖進我的心頭。

雖然是一句很普通的話，但對思緒陷入死胡同的我來說，彷彿一語驚醒夢中人。

當時，我在恍然大悟的同時也思考著「原來如此，是僅此一回的旅程啊。出生在這個世上，難得有個僅此一次旅行的機會，如果不去認識更多人、體驗更多事情、創造一趟豐富的旅程，那也太浪費了。」

另外，如果人生是一趟有終點的旅程，那麼「死亡」就不再是恐懼的對象，而只是個「終點」。

接著產生一種「反正早晚都會結束，把人生當成一段旅程，別悶悶不樂想太多，盡情去做就好了啦」想開的感覺。

應該有很多人無法對當時的我這種虛無主義的想法有所共鳴吧，但對我來說，這是我在經歷「直視死亡而感到絕望、恐懼」後，第一次能對人生抱持肯定態度的瞬間。

7 這句話的起源眾說紛紜，在松尾芭蕉的《奧之細道》以及小說家吉川英治、歌人若山牧水的作品中都出現過類似意義的詞句。

現在，做些讓自己舒心的事情

別被他人的評價束縛，順從自己的心情活著。我開始想要好好珍惜與珍視之人共度的時光。

自從「人生是僅此一回的旅程」這個生死觀成形後，我也開始慢慢脫離拘束，變得自由。

把「今天這一天是隨時都可能失去的東西」的想法擺在心裡某處，這麼一來，就會開始想要珍惜每天隱藏在日常生活中的各種邂逅與機會。

而珍惜地度過今天，就表示要做讓現在的自己感覺舒心的事情，這也讓我開始思考自己想做什麼，成為我面對至今一直壓抑在心底深處的「want」自己的契機。

但因為我一直受到「must」自己的束縛，所以就算我想要傾聽「want」自己，想了解自己想要什麼，一開始也聽不見他的聲音。

在我還聽不見「want」自己的聲音時，我該往哪邊前進？給我明確路標的，就是那些因為罹癌，而比我更實際面對人生期限的患者們找出的答案。

正如我在第一章寫過，一百位患者就有一百種面對疾病的方法，但大致上都有共通的要素。

被束縛於他人的評價中也無法得到幸福，比起這個，順從自己的心情活著也沒有關係；以和自己認為很重要的人共度的時光為優先；盡情享受當下的時光等等。

其實，我曾一度想要辭掉現在的工作休息一段時間，但從結果上來說，沒有大幅改變環境，只是改變自己的心態就讓我心情輕鬆許多，我現在過著大致上滿足的每一天。

我接下來要告訴大家一些小秘訣，讓大家能傾聽自己「want」的聲音，選擇活出自己的人生。

我也不確定對我來說好用的方法是否能幫上大家，但希望可以提供大家一點參考。

有一段時間，我沒辦法拒絕別人請託，幾乎是強迫自己接下工作。那完全超出我的容許範圍，每天都過著彷彿溺水在工作中的日子。工作效率明顯降低，但只要有人拜託我就無法拒絕，又把自己逼得更緊，陷入惡性循環。

現在回頭看會覺得「當初為什麼會那樣做啊」，但當時我只強烈聽見「那樣不行」、「如果不能一直回應他人期待，就會失去信賴」，把自己「想要休息」、「已經到極限了」的聲音按下靜音。

我想要對當時的自己說：「順從『must』的自己，而犧牲了『want』，也就表示得要接下相當沉重的東西。」

當受到不想去的聚會的邀約，以及他人拜託不想做的工作時，另一個自己就可能跑出來說：「要是拒絕了，接下來可能會被孤立！」

在完成某個工作時，可能會聽見「不做得更好就會被認為是個沒有用的人！」的聲音。

當然，全部拒絕或許不是一件簡單的事情，但不停接下不想做的工作只會讓自己的人生空虛，會連根奪走活力充沛的生活能量，結果甚至有罹患憂鬱症的風險。

那場聚會有如此大的價值讓你付出這種犧牲嗎？是不得不接下的工作嗎？在盲目聽從「must」的聲音之前，要先好好思考這些問題。

接著，試著慢慢反抗「must」的聲音，小心翼翼地從小事情開始反抗起就可以了。

我第一個反抗「must」聲音的實驗，是拒絕不想去且拒絕了也不會受到致命性打擊的聚會，然後去做一件我想做的小事，去看了我當時很喜歡的繪本作家塔莎·杜朵的傳記電影。看見塔莎繪製的漂亮庭園與繪本，讓我的身心備受撫慰。

那天晚上睡覺時，我感到莫名的充實感，產生一種「啊啊，這個方向沒錯呢」的確信感覺。

在那之後，我開始對「反抗must也沒關係」產生自信，反抗行為也越來越大膽。

試著「順心而為，走一步算一步」

正在掙扎的人，
請側耳傾聽自己的悲傷與憤怒。
請重視自己的心聲。

如果你現在感到很拘束，側耳傾聽自己掙扎的心聲也很重要。悲傷的自己到底感覺失去了什麼，憤怒的自己是感覺什麼事情不合理——

如果只是壓抑負面情緒一逕忍耐，喜怒哀樂的情緒會全部凍結，離活力充沛的生活越來越遠。

我自己也在小小反抗「must」的自己後，開始盡量重視自己最真實的心情。

當然也得注意，不可以因為自己真正的心很痛苦，就衝動做出辭職這類重大決定。

當你判斷事情時，是否意識著「死亡」，也常會讓你的答案變得不同。

這是因為就算你心中有「我絕對要做這件事」的想法，但若是漫不經心，也可能在沒有實現的情況下結束人生。沒有意識到最終期限而只是不斷拖延，其實正將你一步步帶往無法實現的結果，請務必把這件事牢記在心。然後，確實做準備比較好。

另外一個秘訣是，我是從小事情開始練習傾聽自己的「want」。舉例來說，我的午餐常在醫院裡的超商買東西解決，在那之前都是想著「烏龍麵可以迅速吃完」或是「炸豬排蓋飯的熱量很高耶」來做選擇。

但我稍微和這類理智想法保持距離，摸著自己胸口，把心思專注在「自己現在感覺想要吃什麼東西呢？」」，再看看貨架，接著手也自然而然地伸向我想吃的東西了。

雖然沒有道理，但我覺得當我吃完想吃的東西後，心情也會感到稍微滿足。除此之外，我也會不事先決定要租什麼電影就到出租店看著陳列架，然後租下讓我動心的作品；也會到書店隨便亂逛，然後買下讓我感到期待的書籍等等，就算最後不買也無所謂。

我覺得「順心而為，走一步算一步」是一件很好的事情。別決定目的或限制時間，意識到並聽從「want」的聲音，尋找自己的心在期待什麼非常重要[8]。

8 關於「want」的自己與「must」的自己這個想法，以及該怎麼傾聽「want」自己的聲音，精神科醫師泉谷閑示先生的想法給了我很大的啟發。
參考文獻：《名為「普通最好」的病》，泉谷閑示著，講談社出版。

Chapter 5

凝視死亡，就是凝視該怎麼活著

想要消滅死亡的世界
總有一天會毀滅

「人生有期限，自己也不知何時會生病」的想法，是對人類的完整認知。

「那個啊，醫生說我可能會因為這個病死掉，你可以聽我說說話嗎？」

如果你的家人或朋友說著這種話來找你商量，你會反射性回答什麼呢？

「說什麼死不死的，別說那麼不吉利的話啦。別喪氣，肯定會沒事的啦……」

你或許會這樣回答吧。

反之如果是你罹患了重大疾病，就算真的很想要找人說話，也會因為擔心是否造成對方困擾而卻步，有沒有過這樣的經驗呢？

到第四章為止，我告訴大家「思考死亡，也就是更深入過人生」，但想要好好談論死亡，又不是件簡單的事情。

我認為現代有不去思考「死亡」的風潮。

我在「前言」中也稍微提過，像是最近常會聽見「人生百歲時代」，如此一來，原本定義為高齡者基準的六十五歲也變成只是中繼點，應該有許多人都先想著「該怎樣才能有更漫長的老年期」吧。

我認為這件事本身非常好，但另一方面，人生百歲時代這個名詞也透露出想要往後拖延「思考死亡」的念頭。

另外也有抗老化這種想法。想要精神飽滿、朝氣蓬勃地活著是無所謂，但這之中也如實表現出人類想要追求非現實的不老不死的志向。

我所從事的醫療世界，一直朝遠離死亡的方向發展。

以前曾經是家裡專屬的醫師到家裡看診，最後在家人陪伴下在家中嚥下最後一口氣的時代。孩子們親眼看見祖父母衰弱到死亡的過程，所以對於「死亡」擁有很明確的想像。

但不知從何時開始，人們變得在醫院過世，亡者也在「別讓其他患者看見」的考量下，並非從正門，而是從後門送走。就像這樣，原本應該是每個人日常生活延長線上的死亡，被隔離在人們的日常生活外。

醫療的第一目的是維持健康，理所當然把重點放在急救與延續生命上。但另一方面，因為沒辦法拯救所有生命，當然無可避免患者死亡。

儘管如此，在醫學教育過程中，幾乎沒有教導學生「該怎麼目送患者離世」、「該怎麼面對患者死亡」的機會。以前，我的指導醫師也曾告訴我：「到最後一刻絕對都不能放棄！患者死亡就等於醫療的敗北。」

醫師很清楚努力讓患者活下去的方法，卻沒有足夠接受關於「該怎樣面對即將死亡的患者」的教育，所以有很多的不知所措。結果才會出現連接一大堆管線勉強延續生命等等，以違背患者意願的形式施以延長壽命的治療。

這般盡量不去思考「死亡」的狀態，我認為是現代社會的一種病徵。

這是因為，理解「人類有極限，總有一天會死」擁有非常重要的意義，不去意識死亡的世界總有一天會從哪裡開始崩毀。如果那個人可以活力充沛地活著，然後有一天突然自然死亡，或許就不太會去意識到與老化、死亡有關的問題，但事實是，幾乎所有人都會在某個時間點直接面對這個問題。

在這之前以「抗老化」模式活著的人，生病時因為不知道面對喪失健康的方法，所以就得從心態開始重新學習。

「人生有期限，自己也不知何時會生病」的想法，是對人類的完整認知。這句話一開始或許會給你黑影般的感覺，但只要去面對，就可以發現這句話的光明面。

「我發現，凝視死亡也就是凝視該怎麼活著。」我從許多患者口中聽過這句話，意識到有限這件事，也會讓你產生「別浪費重要的現在活下去吧」的心態，豐富你的人生。

但現代人大多在無意識中追求不老不死，我覺得避開這類絕對必要的覺悟活著的人，比有覺悟的人更多。

該怎麼回答「人死了之後會變成怎樣」

「不願考慮死亡」的想法，
在近距離面對「死亡」時根本派不上任何用場。

為什麼現代社會這般避開「死亡」，想要將其隱藏起來呢？

我自己認為應該有以下幾個理由。

人類擁有動物的求生本能，所以對帶給自己死亡預感的事物感到強烈恐懼。

舉例來說，像是站在高處、遇見猛獸、被人拿槍指著之類的，這種時候就會感到強烈恐懼感而心跳加速或發抖，身心都會出現劇烈反應。

另一方面，人類和動物決定性的不同之處，就是「能夠預測未來」這點。

雖然對死亡感到恐懼，卻同時知道自己的人生有限，總有一天會死。這可以視為人類在進化之後所產生的心理糾葛。

那麼對於即使恐懼也沒辦法避免死亡的糾葛，人類至今到底是如何面對呢？

將時代往前推至中世紀時期，大多數的人對「死亡」都有具體的想像。

這是因為人類有宗教信仰，而信仰對信徒說明了死後的世界。應該許多人都相信「死掉之後會投胎轉世」、「只要做善事就能前往西方極樂淨土」等世界觀吧。

另一方面，現代社會信仰宗教的人口比例相對低很多，思想也轉變成以科學為基礎。

但科學無法對「人死了之後會變成怎樣」給出一個讓人認同的說明，所以「死亡」在科學上是一團謎。

如此一來，現代人會變成怎樣呢？最快的方法，就是「避免思考」無法說明的「死亡」，而大多數的人都選擇了這個方法。

但「不去思考死亡」只是應付對死亡恐懼的第一階段而已。

這是如同表面緊急處置的方法，所以僅限不直接面對死亡問題時有效，如果陷入得要頻繁思考「死亡」的狀態時，就無法派上用場。

罹患了癌症這類危及性命的疾病，或是經歷珍視之人過世的經驗後，就非得要直接面對「死亡」，此時會從表面應對進入下一個階段。

接著，就會好好面對「死亡」這個問題，並且開始思考。

從正面仔細思考「死亡」後，對死亡懷抱的忌憚恐懼印象就會有所改變。

已經逝世的樹木希林女士生前說過的「死並非一件壞事」引發討論，我認為這是面對「死亡」之人心中的一個事實。

關於面對「死亡」時需要思考哪些事情，這在過去的心理學領域研究中已經有某種程度的解明了。

我以此為基礎，把與死亡相關的問題分成三類，應該比較容易整理吧（請參照下一頁）。

接著，這三類問題分別都有各自的應對方法。

如果維持籠統的想法，就只會感到未知的不安與恐懼，但在好好思考與死亡相關的問題時，恐懼就會漸漸變型，也能知道可以做好各種準備。

人為什麼會恐懼「死亡」？

1. 對死前過程的恐懼

—最後會是怎樣的痛苦？

—癌症帶來的痛楚是不是很難受？

2. 自己死掉之後產生的現實問題

—孩子還小，所以擔心孩子的將來

—高齡的雙親會傷心，而且誰來照顧他們？

—現在手邊正在進行的畢生事業尚未完成

3. 對自身的消滅感到恐懼

—死後的世界是什麼樣子的？

—自身的消滅到底是怎麼一回事？

有方法可以解決死前的痛苦

安寧醫療日益進步，
抗癌早已不如以往那般慘烈了。

第一個「對死前過程的恐懼」是「人家說癌症病況加劇之後會很痛，到死之前有怎樣的痛苦等著我」這類擔心肉體上的痛楚。

許多罹患癌症等疾病的病患都很擔心這件事。

過去確實有許多新聞報導、小說、電影等作品特別強調罹患癌症將有「慘烈抗病過程」的印象，所以一般人會擔心也是無可厚非。

但近年狀況已經變得相當不同。

舉例來說，我每天都會到病房巡診，四處都可看見患者和家人們和睦談笑的畫面，護理師和醫生等醫療人員也滿臉笑容，病房完全沒有氣氛凝重的感覺。

當然，這之中或許也有擁有各種痛苦、精神上被逼入絕境的患者，但實際到醫療現場來看，應該能感覺這裡的氣氛與「慘烈抗病過程」完全不同。

那麼，死前的痛苦實際上是怎樣的東西呢？

舉例來說，國立癌症研究中心針對一般人所架設的《癌症資訊服務》[9]網站中，就具體解說了關於癌症療養與安寧醫療的項目。癌症引起的各種身體疼痛只要適當使用止痛藥就可以抑制，現在緩和痛楚的技術（安寧醫療）也很進步，可以提供各式各樣的支援。

而近年安寧醫療的對象也預計進一步擴大，癌症患者以外的病患，也將能接受緩和身體痛苦的醫療。

如果沒有相關知識，大腦就會創造出無限多的悲觀想像，所以容易非常擔心，但有了正確知識、知道實際上是如何緩和痛苦後，就能安心。

罹患重病時，應該要保持「期待最好的狀況、做好最壞的打算（Hope for the best. Prepare for the worst.）」的心態。近年醫學進步，以癌症領域

9《癌症資訊服務》http://ganjoho.jp/public/index.html

來說，曾被認為是最難醫治的肺癌治療狀況也有了飛躍性的突破，所以病患當然會期待「說不定自己的治療也能順利」。

另一方面，也要為病況加重的可能性做好準備，確保與能確實消除痛苦症狀的安寧醫療的聯繫，並準備好養病地點（現在讓病患在家裡度過的醫療、照護服務都比以往更加完善），應該就能應付「對死前過程的恐懼」了吧。

解決拖延的人生課題

面對自己死後會帶來的現實問題，
就會讓你去面對家庭關係，
以及一直掛心的事情等人生課題。

第二個「自己死掉之後產生的現實問題」是指什麼呢？就是「自己死後，家人會不會陷入經濟困難？」「要是工作還沒做完就死了，那該怎麼辦？」等等，各種與社會層面有關的問題。

關於這類問題，就需要與家人以及職場上值得信賴的人商量後做準備。其中應該也會有雖然極度不甘心，但非得放棄不可的事情吧。

但是面對這些問題，不全然只有負面面向，也有讓當事者動手去做先前不斷拖延的課題的正面面向。

舉例來說，與感情破裂並斷絕聯絡的家人或朋友和解等等，有許多人終於得以拔除長年梗在心頭的那根刺。

前幾天，我去探望了一位卵巢癌末期患者荒井真由美小姐，在那之前，她不太喜歡說自己的事情，給我一種「有點勉強自己表現開朗」的印象。

大多時候，和荒井的面談都是在講著無關緊要的閒聊中結束，但她這天表情有點嚴肅。

因為和平常不太一樣，我便問她「怎麼了嗎？」她對我說「其實我有一件很在意的事情」後，接著眼眶泛淚說著：「其實我和五十歲的丈夫間有十二歲的長男和八歲的次男，次男是透過不孕治療才生下來的小孩，他有唐氏症。我心中一直有著『想要第二個小孩該不會只是我的任性而已吧？』的想法，所以也覺得我得要照顧次男一輩子才行。但是我現在得了癌症，沒辦法照顧次男了。我不只讓哥哥背負重擔，還讓弟弟走上艱辛的人生道路。」

我進一步追問是什麼原因讓她想做不孕治療，她說當時關係親密的朋友家中有一對感情很好的兄弟，而且她也覺得長男只有一個人可能會很寂寞。

接著她詳細地說出當時的狀況，例如夫妻商量、百般煩惱之後決定開始不孕治療等等。

我問她：「經歷過不孕治療的人，大家是懷抱著各種不同的想法開始接受治療。為了想給小孩兄弟姊妹而開始做不孕治療的母親，真的是自私任性嗎？」

荒井眼眶泛淚對我說：「我知道你的意思。即使如此，我還是會責怪自己。」

我邊想像她的心情，邊問她：「那麼，兩個孩子對媽媽生病這件事有什麼想法？」

她回答：「因為我怕我瘦成這樣會讓他們嚇一跳，所以最近都不讓他們來醫院。」我又問她：「妳打算就這樣一直不見孩子嗎？」她陷入沉思。

大概是夫妻兩人討論了孩子的事情，一段時間後，她丈夫帶著兩個小孩來探望她。

看見到病房來的兩個孩子，哥哥很自然地關心弟弟，而弟弟也很依賴哥哥，這幅模樣讓她感覺「這兩個孩子也長大了啊……」用她消瘦的身體緊緊抱住兩個孩子。

那時，兩個男孩大概領悟要和母親道別了吧，前所未見地放聲大哭。聽說他們要回家時，還好幾次轉頭看向病房。

幾天後我到她的病房探視時，她這樣對我說：

「那兩個孩子，今後應該也會遇到難過的事情，但他們應該會努力活下去吧。我一直以為他們很柔弱，但是我誤會了。」

為什麼她的心境會出現如此大的轉變，我也沒辦法說明白。

但她長年以來辦不到的兩件事：相信孩子以及原諒自己，都在她死前辦到了。

在自己的世界觀中定位「靈魂之死」

每個人看待「死亡」的方法各有不同。
理解癌症的醫療人員中，
也有人說「罹癌這種死法其實也不壞」。

關於第三個「對自身的消滅感到恐懼」，也可說是靈魂之死。死掉之後，自己的存在會就此消滅嗎？消滅後應該沒有感覺，但那是什麼感覺啊？又沒辦法去問死掉的人，變成那樣之後不恐怖嗎？或許會出現這些想法吧。

美國的精神科醫師歐文．亞隆曾說過：「如果會擔心死後的自己，那為什麼不會去擔心出生前的自己呢？」

確實如此，至少現在不會去意識出生之前的痛苦，那麼，或許也不需要去擔心死後的事情吧。

不是只有認為死後的存在會歸為虛無的人，包括對死後世界含糊的想像在內，也有人抱持著「死後的世界存在著」這樣的想法。

舉例來說，前幾天某位年長女性和我談論了她對於死後世界的想像。

「前一陣子，孩子的爸（老公）出現在我夢中，我到那個世界之後就可以見到孩子的爸（老公）了。」

對此我接著問：「妳很期待見到孩子的爸爸，他是怎樣的人啊？」她很開心地說起快樂的回憶，表情也變得非常柔和。

另外，也有人認為沒有死後的世界存在，因而非常恐懼死亡。

我自己一開始也很不知所措，不知道該如何思考才好，但自從想著「人生是上天給予我僅此一次的旅程，而死亡就是終點」後，我開始能在自己的世界觀中定位「死亡」了。

另外，因為癌症過世的宗教學者岸本英夫先生認為，死亡是「和珍視之人的大告別」，為了創造美好的告別去做相對應的準備，心情也會因而得到平靜。

旅程的終點、大告別，不管哪種想法，都是努力活過僅此一次的人生，做好死亡準備的態度。

恐懼死亡的人會希望「自然死亡」，但在知道可以去做許多與死亡有關的課題之後，大多數的人比起「自然死亡」，更希望有額外的時間可以確實為死亡這個人生的最後一程做準備。

頭頸腫瘤名醫海老原敏醫師表示「罹癌這種死法也不壞」，我想理解癌症的醫療人員大多也有相同想法。

另外也有人意識到即使死後世界不存在，自己的心意也會留在珍視之人的心中，自身存在則轉換成另一種形式繼續活下去，因而減輕了「自身消滅的恐懼」。

一位六十五歲的大腸癌末期男性患者，對我說他最近非常懷念自己出生的故鄉風景。

祖父母總是非常寵他，會到附近的超市買很多零食給他。

親戚叔叔因為沒有孩子，所以把他當成自己的小孩寵愛，常常開車帶他去兜風。

盛夏時分，在青蔥田飄散的強烈氣味中牽著父母的手一起到澡堂去。

和兒時玩伴們一起在海邊興奮地看煙火的記憶。

過年時親戚齊聚一堂，在熱鬧氣氛中開心玩耍。

每個回憶都非常溫暖，不管回想幾次，每一次都讓他感到心情滿足。

接著，他對於能有這麼多人愛著自己，以及正因為有這些人存在，自己的人生才能如此豐富而滿懷感謝之意。

接著又對我這樣說：

「我自己也是許多人人生中的登場人物吧。可能只是小龍套，有時可能也擔負重要角色。因為是人類，應該也曾傷害過其他人吧。

就像這樣，我也活在許多人的心情中，而記得我的人，也將繼續活在誰的心中。

我接下珍視之人的心意，又把這份心意傳給下一個人。如此一想，就覺得自己有好好做到把生命延續下去的任務了。」

「平凡生活的連續」就是幸福

假設一年之後，自己將臥病在床，當一年後的自己回顧現在的自己時，會對目前的生活方式感到後悔嗎？

講到這裡，我想大家應該都能理解，思考「死亡」對每個人來說都是相當重要的事情。

既能做好迎接那時的心理準備，也能因此意識到人生有限，而每天努力生活。多數人應該都盡量讓自己不去思考「死亡」，但除去「自然死亡」的狀況，不思考死亡的做法總有一天會受挫失敗。

所以，我在平常就會積極思考關於自己的死。該怎麼做，我想每個人都有自己的想法，但我在此介紹自己的做法提供大家參考。

我在學生時代，因為開車的方法相當危險，實際上遇過差一步就要一命嗚呼的狀況。光回想起來就讓我全身寒毛直豎，但我想起這件事時，就會讓自己面對這段記憶一段時間，接著思考「我也很有可能就那樣死掉耶」。

如此思考後，等到那段凍結心靈的記憶消退後，就會對現在還活著，上天給我時間這件事感慨甚深，被一股暖意包圍。

如果大家也曾經有過「如果當時是那樣，或許就危及生命了吧」的經驗，請好好珍惜那段記憶。一開始或許會很痛苦，但和我一樣去品味這個記憶也是一種方法。

在此，請務必讓我介紹NPO法人癌症筆記代表理事岸田徹先生的故事。他曾經和偶像團體嵐的櫻井翔先生一起參與美國家庭人壽保險公司（Aflac Inc.）的廣告演出，應該有不少人記得他那爽朗的笑容吧。

岸田先生在出社會第二年的二十五歲時，被診斷出罹患胚細胞瘤，而且還發現全身都有癌細胞。

「看見轉移到全身，我想這可真糟糕了，但醫生對我說『一半一半』，我就想，轉移成這樣還有一半機會，應該還有辦法吧。老實說，我已經做好覺悟會聽見只剩幾個月能活了，所以『啊啊，我還有一半機會能活下去啊』成了我的希望。」他如此回顧當時的事情。

如此樂觀的岸田先生，也曾在治好後再次復發時，一度產生了連自己也無法控制的情緒。

「復發的時候，我真心覺得不想死。回頭想想，第一次時沒有什麼真實感，看似積極正向，實際上只是不當成自己的事情，根本沒有好好整理。正好在我開始癌症筆記與宣傳活動時復發，所以我想著我絕對不要出師未捷身先死。此時支持我的，就是前輩告訴我的『THINK BIG（放大思考）』，他對我說『你的十年後將會充滿訊息，加油，人生發生的所有事情都有意義』。」

而他表示，他現在有著這樣的想法：

「很幸運，之後的治療很成功，我開始想著『要好好珍惜現在成功活下來的自己做想做之事的人生』。一日一生，我想要珍惜地度過每一天，強烈想著如果不活在當下就沒有意義，也發現自己生病前過著顧慮許多人的人生。明白死亡時是獨自一人後，就打從心底覺得顧慮周遭的自己很愚蠢，現在發生的所有事情可不是單純的『普通』，『普通』的連續就是『幸福』。」

或許可能性不高，即使如此，更是該把「岸田先生經歷的辛苦事情也可能發生在自己身上」的感覺放在大腦一角，這也是相當重要的事情。

假設一年後自己將臥病在床，一年後的自己回顧現在的自己時，可能會很恨自己，後悔著「有做那件事、有做這件事就好了」吧。

而我故意會這樣想。

意識著「如此這般度過今天一天並非理所當然」，也就表示珍惜著「現下，在這裡的自己」過活。

結語——

意識「死亡」之後才會發現活著的「光芒」

非常感謝大家閱讀到最後，大家看完後是怎樣接納本書的內容呢？帶著整理的意思，我把想要告訴大家的事情統整成以下的內容來取代我的結語。

現代社會中常會將「死亡」視為不吉祥的事情，但也有著意識到「死亡」之後，才有辦法感受活著的光芒這個面向。意識到人生的期限，會給人一個巨大的動機，讓人轉換成不浪費每一天，活出自己的生存方法。所以本書才會將書名取為《如果一年後，我已不在世上》。

但是，光只是意識「死亡」，也不會知道該怎麼做才能實現活出自己的生存方法。一個弄不好，可能只會讓自己焦急，但很幸運，我們有許多線索。首先，感覺沒有活出自己的人、「want」自己被「must」自己束縛而感到窒息的人，就需要先反轉主從關係，去傾聽「want」的聲音。

至今從未好好思考自己的「want」的人，可能搞不太清楚那個細小的聲音正在說些什麼。在沒有線索的情況下摸索是相當辛苦的工作。但「want」的樣子有某種程度的共通點，罹癌經驗的人深思自己的「want」之後找到的話語以及生存方法，給了我們許多很大的提示。

以上是我的想法，或許與大家的想法有所不同吧，如果本書可以多少帶給大家豐富人生的提示，就是我最大的喜悅了。

在這本書問世的過程中，其實還有另外一個故事，有三位非常重要的登場人物。

故事的開端是二〇一五年，當時罹患肺癌，因為至今從未經驗過的強烈心理痛楚而來找我做心理諮商的千賀泰幸先生。千賀先生表示，把他自己的經驗寫成書，應該可以幫上許多擁有相同經驗的人。他用自己的強大行動力，以及與他有共鳴的許多人成為原動力，沒過多久就把這個想法落實成現實的計畫了。接著幾經波折後，千賀先生的朋友，也就是作家稻垣麻由美小姐將七位病患和我的對話紀錄整理成《人生中真正重要的事情 癌症專科精神科醫師清水研與患者們的對話》（KADOWAKA）一書出版。接著，閱讀《人生中真正重要的事情》後相當感動，寫信來邀請我「請寫一本可以讓人思考活著意義的書籍吧」的人，就是本書的編輯野本有莉小姐。

我自己在癌症中心的工作經驗中，「面對死亡的人的故事」給了我很大的衝擊，我直覺這其中有著什麼普遍意義的巨大力量。這個經驗讓我在聆聽患者們故事的同時，也去面對例如「恢復力」、「創傷後成長」等，解開各種心理學的概念。漸漸地，我用自己的方法去理解故事中的意義，正想著希望可以把這些事情與更多人分享時，就收到了野本小姐的來信。意外地得到這樣的機會，讓我喜出望外。

所以說，《人生中真正重要的事情》可說是本書的母親，千賀先生、稻垣小姐、野本小姐，以及與《人生中真正重要的事情》相關的所有人，請讓我在此向大家致上我由衷的謝意。

另外，泉谷閑示醫師教了我許多讓我掙脫「must」自己的方法，我也參考了他的著作中的許多想法。白波瀨丈一郎醫師對於「失去重要事物時的心理狀態（對象喪失）」給了我各種建議。因為有泉谷醫師和白波瀨醫師的協助，才得以完成本書最重要的部分。

最後，對於我的客戶，也就是罹患癌症的各位病患，我無法道盡我的謝意。有非常多病患相當慷慨地同意我可以將他們的經驗寫在書中。和你們每一個人的邂逅，都是我的財產。

二〇一九年八月

清水　研

國家圖書館出版品預行編目資料

如果一年後，我已不在世上 / 清水研著；林于楟譯.
-- 初版. -- 臺北市：平安文化. 2021.04
面；公分（平安叢書；第0679種）（Upward；116）
譯自：もしも一年後、この世にいないとしたら。
ISBN 978-986-5596-03-3（平裝）

1.人生哲學 2.人生觀 3.生死觀

191.9 110003247

平安叢書第0679種

Upward 116

如果一年後，我已不在世上

作　　者—清水研
譯　　者—林于楟
發 行 人—平雲
出版發行—平安文化有限公司
台北市敦化北路120巷50號
電話◎02-27168888
郵撥帳號◎18420815號
皇冠出版社(香港)有限公司
香港銅鑼灣道180號百樂商業中心
19字樓1903室
電話◎2529-1778　傳真◎2527-0904
總 編 輯—龔橞甄
責任編輯—謝恩臨
內頁設計—李偉涵
著作完成日期—2019年
初版一刷日期—2021年04月

讀者服務傳真專線◎02-27150507
電腦編號◎425116
ISBN◎978-986-5596-03-3
Printed in Taiwan
本書定價◎新台幣280元/港幣93元